慢慢說、小聲問、專心聽，解除心理戒備的攻防之道

CIA 教你讓人說出真心話

GET THE TRUTH

Former CIA Officers
Teach You How to Persuade Anyone to Tell All

Philip Houston、Michael Floyd、Susan Carnicero
Commentary by Peter Romary

菲爾・休斯頓、麥克・弗洛伊、蘇珊・卡妮西羅、彼得・羅梅瑞——著
陳雅莉——譯

一目次一

第二部 生活中的談判現場

自序

審訊就是發揮影響力的藝術

外面天色依舊昏暗，離日出還有好一會兒。美國一座境外祕密基地裡，一棟不起眼的建築內，有一間沒有窗戶、瀰漫著黴味的狹小房間。你站在戒備森嚴的門口，門的另一邊是一名男子，他在美軍和情報幹員的祕密行動中遭到逮捕；幾個小時前，他被帶到這個房間裡。你和同事早就知道，這名男子可能參與策劃改變世人命運的九一一恐怖攻擊事件。

美國政府將這名男子列爲「價值極高的囚犯」，因爲他所知道的訊息，可能藏有大量情資，不僅與九一一攻擊事件的策劃與執行相關，更可能涉及密謀其他恐怖攻擊行動，令人髮指。反恐戰爭已開啟，設法從這名男子身上獲得情報，是首要之務。

不分男人、女人及孩童，數千或甚至是數萬名無辜民眾的性命都處於危急關頭。讓這名男子開口，如實吐露他所知道的一切，就是你的任務。你很難想像，世上還有比這更艱鉅、危險的任務？當你走進那扇門，該用什麼方法、什麼技巧，才能順利使他吐露眞言呢？

本書將提供解答。

本書的核心焦點在於「影響力」：如何在某人身上施加影響力，以獲得眞實訊息。對方企圖隱瞞的話，多是擔心一旦吐實，人生將隨之改變。近年來，這類技巧在美國和世界各地引發激烈爭辯。當討論重點聚焦於中央情報局時，更顯激烈，而那是我們奉獻大半職涯與人生精華的地方。

在我們這一行，這個過程通常被稱為「審訊」。一提到審訊和中情局，免不了令人立即產生成見，聯想到不安的畫面：在高風險的反間諜與反恐世界中，審訊人員會採用可怕的手段。一般人會有這種先入之見，其實不難理解。二〇〇一年九月十一日之後，美國開啟了反恐戰爭，而軍方的刑求手段也被揭發，直接證實先前許多人的合理猜測。但支持者委婉地說，那是「加強版的審訊手段」，但這不過是美化的說法而已。

有時，當你要說明手頭上的任務內容時，採用刪去法反而更有用。對於中情局或其他單位和機構所使用的偵訊手段，本書沒有特定的立場，也非研究論文。我們沒有打算挑起爭端，更無意讓大家以爲官方準備認錯與道歉，或是企圖壓制任何爭論。爲了保護國家安全，我們理應有可派上用場的審訊手段，可以想見，相關的爭論會持續延燒下去。這本書無法涵蓋所有的爭議，那些也不是我們能決定的。

我們所能做的，乃是分享自身經驗。本質上，我們的工作目標僅有一個，它可以量化，且挑戰極大，那就是讓人們說出眞心話。幾十年來，這一直是我們追求的目標。隨著職涯的交會，我們彼此互相學習，並將個人經驗融合成一體，轉化爲全面又有凝聚力的成果。我們的團隊行動，尤其是獲取眞相的方法，一直是建立在這樣的基礎之上。

這套方法的建立與純熟度，用團隊運動來形容或許最爲貼切。其中，菲爾・休斯頓身肩球員兼教練。菲爾在中情局二十五年，曾在資安處擔任要職。他的同儕和政府資深官員一致認爲，菲爾是中情局有史以來審訊技巧最厲害的調查員；一些最引人注目的案件，他都參與其中。麥克・弗洛伊則充分發揮專長，身爲全國最頂尖的測謊權威，他經驗老到、聲譽卓著。在中情局及國家安全局的訊問與審問工作中，他都是重要的關鍵人物。蘇珊・卡妮西羅最早於「中情局作戰行動處」擔任臥底幹員，該單位現已更名爲「國家祕密行動處」。蘇珊具備犯罪心理學的專業知識，是中情局數一數二的審訊人員及篩選專家。

最後，我們恰逢其時網羅到一名完美的新成員，組成令人敬畏的團隊。彼得・羅梅瑞是經驗豐富的庭審律師，也是教育家，以及國際公認的調停和談判專家。在職業生涯中，彼得追求的目標和我們一致，一言以蔽之就是：讓人說實話。團隊成員會教導大家如何從他人身上得到眞實訊息，也會講述我們的故事。而一般人在工作和生活中如何應用這些技巧，也都將完整公開。

本書與菲爾、麥克及蘇珊的前一本書《ＣＩＡ教你識人術》脈絡有些類似。上本書裡我們分享了密技，讓你判斷某人是否說謊，及如何應用於日常生活中。那些技巧深具價値，但跟本書所提供的方法無關。在此，我們是要讓人說眞話。要了解和運用本書的技巧，讀過上一本書有幫助，但不是先決條件。《ＣＩＡ教你識人術》的讀者會覺得書中某些角色有些熟悉，在那本書中，我們試圖判定哪些人物在撒謊；這本書則著重於如何讓他們對我們說出眞心話。

還有另一個關聯性也値得一提。在《ＣＩＡ教你識人術》中，我們破除了一些迷思，並質疑一些普遍性的假設。長久以來，許多人無法發現欺瞞的跡象。我們分享各自在現實生活中的經驗，以此證明，人們用來確定某人是否撒謊的技巧，其實不如自以爲的可靠。在《ＣＩＡ教你讓人說出眞心話》中，我們將要分享的方法會顚覆一般人的看法。在許多人的腦海中，審訊人員嚴酷又咄咄逼人，且過程充滿衝突。事實上，那反而是失敗的溝通方式。用戰爭和外交的差別來比喻最爲貼切：爲了達成目標，你可以蹂躪敵人，也可有技巧地談判和發揮影響力。事實上，後者的效果超乎一般人的想像。

多年來，我們不時身處於緊張的情勢中，所以必須捍衛自身立場。對於我們所從事的工作內容，也不必想出更委婉、好聽的說詞，以符合社會或政治上的期待。後面我們會解釋原因爲何。更重要的是，無論你的職位或身分，若你希望獲取眞相，本書將讓你了解，如何調整及應用我們使用的技巧，以有效達到目的。

美國總統亞林肯：「我不喜歡那個人，所以更要多了解他。」

第一部

讓他人毫不保留地
對自己坦誠

1 善用短期思維模式的驚奇力量

多年來，位於維吉尼亞州蘭利市的中情局總部發生不少變化。這棟以混凝土打造的龐然建築物，與地處紐約的聯合國大廈一樣，皆由同一家紐約建築師事務所於一九五〇年代負責設計。但原總部大樓在八〇年代初期前並沒有什麼改變，當時菲爾剛擔任「資安處測謊科」測謊員。中情局分工精細，若循正常管道，一般員工很少有機會接觸到自己部門以外的工作領域。只有一個地方，所有員工在某時都必須現身報到，那就是測謊科。

可想而知，測謊人員的工作量很繁重，鮮少有寶貴的休息時間；除了每天要篩選、面試求職者，定期重新調查中情局僱員，有時還要偵查不當或犯罪行爲。對菲爾來說，工作步調難不倒他，測謊工作令他非常興奮。他還是菜鳥時，尙缺足夠的能力以勝任測謊工作，所以很珍惜能磨練技巧的機會。某天上午，菲爾如往常般樂於接受指派的任務，要重新考核一名中情局僱員「瑪麗」。這個案例和以往一樣，表面上無任何不尋常之處，應該可順利完成調查。菲爾知道，處理平淡無奇的案子也是工作的一部分。

擔任中階主管的瑪麗未婚，每年至少出國旅遊一趟，她相貌平平，鮮少引人回眸多看幾眼。她之前做過測謊，也熟悉整個流程。在測前晤談的階段，菲爾詢問基本問題時，瑪麗顯得一派輕鬆，但這種自在的感覺很短暫。菲爾逐漸問到核心問題，如她是否曾爲外國情報單位工作。從瑪麗的舉止可看出，此問題似乎令她感到不安。果然，測謊正式開始後，菲爾再次提問時，他明顯看出其中必有蹊蹺。

若有可疑之處，最好立卽釐清，但劈頭問「你是否曾幫壞蛋做過事」，顯然是很遜的處理方式。菲爾的直覺非常重要，是理解整個情勢的關鍵。他心想，不論造成瑪麗擔憂的原因爲何，應該都不太嚴重。畢竟，她應該只是個矜持的未婚中年婦女，而非專搞祕密間諜活動的心機美女。菲爾是標準的北卡羅萊納州人，行事作風低調、爲人隨和。他開始直搗問題根源。

「瑪麗，和我們聊過的人都有這種狀態。你們應該有心事，雖然沒啥大不了，但出於某種原因，愈想愈不安。」菲爾向她保證：「有時，我們只是出於無傷大雅的疏忽，或是判斷上的小失誤。但我們太在乎要事情要做對，所以小題大作。」

瑪麗點點頭。

「我想，我可能有違反一點安全規定。」瑪麗說道，接著解釋最近去海外旅遊時，在未經授權下，利用政府資源幫助某個當地人。聽完瑪麗描述細節後，菲爾鬆了一口氣。毫無疑問，瑪麗公然違反局裡的規定。菲爾明白，類似事件的發生率很高，但美國政府海外僱員很少勇於認錯。儘管如此，這件事必須徹底解決。

「我了解，」菲爾欣慰地點點頭：「妳不是第一個這樣做的人。」接著他微笑道：「我們來聊一下好嗎？這樣妳就能一吐爲快。這個本地人是妳熟識的人嗎？」

瑪麗說：「沒錯，我和他打過交道。」然後她就爆出更多的料了……這一連串的自白，讓菲爾目瞪口呆。這名熟人我們暫且叫他「查爾默」，此人爲當地政府做事。

瑪麗接著透露，查爾默是該國的情報官員。隨著會談進行，曝光的內幕愈來愈勁爆。到了第二天結束時，瑪麗坦承和查爾默已墜入情網。

菲爾意識到，坐在對面的中情局中階主管曾與外國情報員發生性關係；她和查爾默卿卿我我時，到底分享了哪些訊息？因此，菲爾必須設法讓瑪麗坦承，她是否洩露了重要情報給查爾默。瑪麗此時的處境當然很尷尬，接著就哭了。菲爾盡其所能地緩和氣氛，以免瑪麗太難受。

「瑪麗，」菲爾溫柔地說道：「別忘了我們正在處理的問題。當然妳不是間諜，也不會洩露國家機密。但情人總有些枕邊細語。我們只需聊一聊，釐清整件事的來龍去脈就好了。」

突然，瑪麗停止哭泣，抬起頭來。「菲爾，你不明白，」她低聲說道：「我什麼都說了。」

那些話直接命中菲爾的要害，他頓時感到五味雜陳。救護人員第一時間抵達某悲劇的現場時，應該也會有這樣的反應：眼前的任務非常緊急，個人的情緒得先擺一旁，憑著直覺掌握全局，才能挽救其他人的性命和安危。就菲爾的工作而言，此時需利用心理學家所說的「概念流暢力」（Ideational Fluency）：視情勢所需，立即轉換思考方式。而他似乎天生就有這樣的流暢力。

「好吧，那我們來談談。」菲爾說道。他花了好幾天仔細盤問，瑪麗吐露的內容也愈來愈勁爆。她確實把所有情資都給了查爾默，包括各地站長的身分與相關的任務。她還拍下基地大樓的照片，然後把每位線民的身分和照片逐一傳出去。瑪麗的言行舉止只有一句話可形容：從事間諜活動。

菲爾總共花了八天在瑪麗身上，包括追問查爾默送了哪些禮物來交換情報。問了一整天後，瑪麗坦承，她只有收受「幾件珠寶首飾」。她堅持自己沒有收取任何額外報酬，但此題沒能通過測謊。

從頭到尾，中情局反情報專責小組都不斷在分析測謊內容，聯邦調查局亦然。菲爾和瑪麗談話時，內容不斷從網路傳到後台的辦公室。儘管瑪麗從未承認，但結果發現，查爾默不僅爲當地情報單位工作，還是另一國敵對情報機構的間諜。更糟的是，瑪麗在外派執行任務的期間，當地有名中情局的線民遭殺害。中情局確定，線民被殺與情報洩露有關，但不理解那次行動爲何曝光。瑪麗向菲爾坦承，是她洩露其中一項任務給查爾默。

菲爾非常痛恨這種行爲，瑪麗不僅背叛中情局，還背叛全國人民。這種感受也許太極端了，總之他對瑪麗超級不屑。然而，在接下來的盤詰訊問中，菲爾的溫和態度從未改變。到了第八天結束時，瑪麗走近菲爾，抱住他。

「菲爾，謝謝你，」她說道：「謝謝你的體諒。」

聯邦調查局無人理解此案的嚴重性，包括其情報單位的副局長。瑪麗承認把「所有情資」透露給查爾默的隔天，該副局長就出現在中情局資安處處長柯塔畢許（Bill Kotapish）的辦公室，當時菲爾正在做簡報。菲爾講到，瑪麗已坦承洩露情報給查爾默，此時副局長摩拳擦掌，隨時準備接手這宗顯而易見的間諜案。菲爾繼續報告瑪麗的測謊結果，與會的一名中情局資深反情報官員不斷插嘴。

「不知爲何，瑪麗喜歡跟菲爾說話。」這位反情報官員說道。菲爾一點都不喜歡這名中階公務員的插話。「嘿，我聽得到你說的話。」菲爾喃喃自語。其實，瑪麗本來不喜歡和菲爾交談，但菲爾遵循測謊守則，精心編排好流程，讓瑪麗說出眞心話。

該名反情報官員聲稱，菲爾從瑪麗身上套取的口供屬於機密，而且不可能解密，因此聯邦調查局無法接手此案。

柯塔畢許建議聯邦調查局自行展開調查。副局長欣然接受，馬上撥打灰色電話（政府機構專用的保密線路）到聯邦調查局的華盛頓辦公室，請他們安排兩名探員當晚到瑪麗家中進行晤談。

果不其然，聯邦調查局的工作還沒開始就結束了。這兩名幹員不但一無所獲，更遇到最棘手的狀況。瑪麗說：「沒錯，我把所有事情都告訴中情局，但全都是捏造，沒有一樣是眞的。」瑪麗同意接受聯邦調查局測謊，結果當然沒通過。但調查局找不到對瑪麗不利的證據，也無法調閱菲爾從她身上取得的供詞，最後只好放她走。

得知結果後，菲爾非常清楚其中哪個環節出錯。和瑪麗的互動時，他很努力確保瑪麗處在「短期思維模式」(short-term thinking）中。換言之，菲爾不斷左右瑪麗的注意力，並盡量減少可以考慮的選項，讓她把焦點集中在特定的脈絡，還得當機立斷做出回應。可是，當瑪麗和聯邦調查局探員談話時，相關的考量與選擇範圍擴大。因此她默默地重新盤算事情的輕重緩急。瑪麗已轉換爲長期思考模式，坐牢或被判死刑等因素都影響了她的決定。

我們無法透露全部細節，但部分結果是可以公開的。八天後的某個傍晚，菲爾家中電話響起，來電者是中情局安管處。

「菲爾，你是否認識一名叫做瑪麗．史密斯的女子？」安管處官員問道。菲爾回答是的，這名官員繼續說：「她稍早致電我們，聲稱接受過你的測謊。我們打來跟你確認是否有此事。她還說，自己今天下午離開總部大樓時，不小心遺留了一些貴重物品在女廁，只要與你聯繫，你就會授權我們把東西交還給她。」

該名官員接著描述，他們前往女廁取回貴重物品後，發現是一大袋珠寶。瑪麗說，當中有些首飾非常値錢，平常爲了安全起見，所以整袋都放在辦公室的保險箱。菲爾向資安處處長柯塔畢許報告此事。兩人一致認爲，當中大部分的首飾可能是她從查爾默處收受的贓物，所以才要帶走藏起來。但結果出乎她的意料，其實這是多此一舉。中情局總法律顧問辦公室認定，我方無權沒收這些珠寶首飾，必須歸還給瑪麗。

菲爾本以爲瑪麗的案子是徹底的失敗，其實不然。他從中獲得不少洞見，對他和中情局來說，未來幾年都因此獲益良多。最値得注意的是，此次經驗有助釐淸一個心理學概念：短期思維是獲取眞相的重要基礎。

想充分了解此概念的威力有多驚人，從電視購物的安排卽可得知。我們大多數人都看過許多這類節目，只是沒意識到或不願意承認。

這類節目大家都有印象，主持人非常殷切，試圖迎合大眾口味，兜售著五花八門產品，從袖毯到健身搖擺鈴都有，雖然我們不知道要買來幹嘛。爲何這些推銷話術會奏效？居然有那麼多人不自主地拿起電話，訂購迷你高爾夫球推桿練習器，以便坐在馬桶上時可以使用。原因在於，行銷人員充分利用短期思維來影響我們做決定。某種程度上，我們是被迫照他們的意願行動，購買我們其實不想要的產品。

爲了達成目標，行銷人員利用四大因素：受眾的脆弱性（Inherent Vulnerability to Influence）、重複（Repetition）、喪失獨立思考（Loss of Independent thinking）、缺乏立即可辨識的後果（Lack of Immediately Identifiable Consequences），迫使我們進入短期思維模式。以下將分析短期思維模式是如何運作的。

受衆的脆弱性

看電視購物節目時，我們處於劣勢，只能單向接收訊息，無法提問或質疑對方。因此推銷人員提供的訊息，成爲我們做決定的唯一依據。

重複

聽到實證愈多，接受的可能性愈高，或至少願意敞開心門去嘗試，這是心理學的老生常談。電視購物的基本特徵是不斷播放產品的相關畫面，加上旁白說明，在各種情境下，不同的人如何使用其產品。

喪失獨立思考

我們很少有意識地決定打開電視，就是爲了看電視購物，以便購買那些從未聽說過的產品。我們大多是不自主地就轉到購物頻道，而這個舉動可能並非出於你的意志和選擇。

缺乏立即可辨識的後果

正因如此，行銷人員不會叫你馬上拿出信用卡或去匯款，只會請你打電話來了解看看，反正沒什麼損失。若你在十分鐘內撥通電話，還有加倍優惠！怎麼會有壞處呢？

這四個因素非常關鍵。就算你有千萬個理由不想購買某產品，譬如一雙內建去角質刷的塑膠涼鞋，但對方還是有辦法列出衆多好處，讓你有興趣購買。行銷人員努力刪去不買的理由，或幫你重新排列它們的優先順序，如此一來，你就會開始想著買雙涼鞋也不錯。在你明白這些伎倆前，鞋櫃裡早已躺著一雙全新時髦的去角質塑膠涼鞋。

成功運用這四大因素，可誘使人們依照我們的意願去做任何事，讓他們放下原本在意的事情，轉而去關注特定的焦點，或重新調整優先順序。如此一來，他們的重心便落入我們所期待的範圍中，這就是短期思維模式的作用。善用這個原則，就能讓恐怖分子透露炸彈陰謀的細節，令續殺人犯招認自己的罪行，求職者會自己吐露與吸毒有關的不檢點行爲，還能讓小孩子承認沒做功課。

CIA密技

善用「短期思維模式」。不斷左右當事人的注意力，並盡量減少可以考慮的選項，讓他把焦點集中在特定的脈絡，還得當機立斷做出回應。

2

對方有所隱瞞時，依序列出最好到最壞的可能情況

有人說，好運比好命更重要，這句話不無道理。與菲爾晤談時，瑪麗投下震撼彈，表明自己和一名外國情報員陷入熱戀。從那刻起，情勢急轉直下。瑪麗的供詞令菲爾陷入緊迫的處境。她藉職務之便，查看海外基地的情資。這些訊息若洩露給敵對情報機構，恐對社稷造成難以彌補的傷害，情報員的性命也立卽暴露於危險中。若瑪麗曾與查爾默分享機密情報，中情局絕對有必要介入，才能確定已曝光情報爲何。於是菲爾立卽展開追問。

菲爾深知，既然瑪麗自己吐露驚人的內幕，他的反應若太嚴厲或有敵意，將有礙於得知眞相；對方會因此產生防衛心，甚至拒絕溝通。這樣的賭注太大。瑪麗可能在兩人的親密時光中說了不該說的話，所以菲爾得設法讓她敞開心房。

還記得菲爾說的話嗎？「別忘了我們正在處理的問題。當然妳不是間諜，也不會洩露國家機密。但情人總有些枕邊細語。我們只需聊一聊，釐清整件事的來龍去脈就好了。」

你應該還記得瑪麗的回應：「菲爾，你不明白，我什麼都說了。」或許是巧合，不論如何，菲爾眞的非常、非常幸運，因爲他說的那段話原本會造成難以收拾的後果。萬一瑪麗沉著冷靜地應對，那該怎麼辦？假設事態的發展完全相反，瑪麗改口說：「菲爾，我仔細回想看看……我們懶洋洋地躺在床上，啜飲美酒，好像也沒說什麼。我們有聊到上班的日常，像是令人抓狂的公事或主管，或是要加班到很晚。老實說，菲爾，我應該從未對他說過重要的事。我對天發誓，絕對沒有洩露任何機密。」

菲爾當然有辦法應對這種說詞，並於最終挖出眞相：瑪麗承認給了查爾默一切情資。不過，這樣便是失敗的套話。儘管他全力以赴，但失敗的原因顯而易見：面對如此關鍵的情況，菲爾的目標也訂得太低了。

菲爾設訂的目標有什麼問題？事情的眞相有很多種可能，可想像成從最好到最壞的光譜。在最佳的情況下，瑪麗與外國情報員談戀愛，只是言行失檢，違反工作倫理，但機密情報並未曝光。但最糟的情況是，她被外國情報機構吸收，積極從事對美國不利的間諜活動。

瑪麗坦承與查爾默陷入熱戀，當下菲爾推測，這名芳心寂寞的女子只是被愛情沖昏頭，以至於判斷失準，並非眞心要危害國家安全。不過他也知道，人在愛情中很容易卸下心防，變得坦率。菲爾淸楚此事的嚴重性，因此當務之急是詳問細節，看看瑪麗在一不留神時，對查爾默說了哪些話。

可惜的是，菲爾假定瑪麗的情況屬於最無害的那一種，雖然他沒有充分證據。但他誤判情勢，所以才以爲兩人只是說一些「枕邊細語」。

沒想到，瑪麗的供詞立場非常淸楚，是屬於完全相反的另一端，與菲爾原先的推測相差十萬八千里！

他發誓再也不會重蹈覆轍。

約莫一年後，在某個海外基地，菲爾正專心審閱某個案件的檔案。他被派往該區與幾名外國線民進行安全性晤談，他們都是中情局招募的情報員，照慣例得定期接受調查，而中情局的僱員也一樣。菲爾要審查的外國線民是「歐瑪」，這名本地人極爲可靠又珍貴，自從被中情局網羅後，任職時間已超過二十年。歐瑪的資歷令人印象深刻。菲爾審閱過世界各地無數線民的檔案，所以馬上就看出他的優點和價值。除此之外，歐瑪先前的安全性晤談也無引人關切之處。菲爾闔上卷宗，準備前往安全的會面地點。他確信，這次會談不費吹灰之力就能完成，最多就是兩個小時，然後就能與同事碰面，共進晚餐。

事先安排好的會面地點位於市中心的飯店。爲了此次會談，他們包下高樓層的套房，並設下重重戒備。歐瑪現身時，菲爾的同事再次確認，飯店的監視器連線已經切斷，所以絕不會被外人監控。菲爾伸出友誼之手迎接歐瑪，兩人彼此寒暄一番。幸好歐瑪能說流利的英語，無須口譯員。這眞是再好不過了！與線民晤談時，透過第三方來翻譯當然可行，也很常見，但這是次要選擇。依過去的經驗，我們提出問題後，對方經常會回以長篇大論的謾罵，而口譯員會直接跟我們說「未必如此」，所以總是會有漏譯的部分。想起來眞是挺驚險的。

菲爾和歐瑪輕鬆地坐在套房裡的休息區。菲爾直接切入正題，有條不紊地提出早已備妥的標準問題。過程正如原先預期般地毫不費力。接著菲爾問到，歐瑪是否曾爲外國情報機構效力。

「歐瑪，我們共事多年，」菲爾說道：「你是否曾和別人合作過？」

兩人對話停頓了一會兒。歐瑪在座位上動來動去，似乎正在集中思緒。終於他開口說話了，「我能禱告嗎？」兩人之間又陷入靜默。禱告？這句話到底是什麼意思？菲爾很想弄淸楚這個請求的意思，但決定不讓自己的困惑顯露出來。

「當然，沒問題。」菲爾平靜地說道，彷彿禱告是晤談的基本階段。出於本能的敬畏，加上天主教背景，菲爾略微低頭，但雙眼仍直視歐瑪。他以爲會看到歐瑪低頭祈禱，沒想到歐瑪卻從椅子起身，走進浴室。

過了一會兒，歐瑪拿著一條毛巾出現，走向休息區的窗邊。要不是早就知道歐瑪過去完美無瑕的紀錄，菲爾還以爲駐地同事在跟他開玩笑。他努力試著從歐瑪的行爲舉止中釐清頭緒，但無濟於事。

這傢伙在幹嘛？菲爾的腦袋不停地轉呀轉。他想用毛巾打暗號給某人嗎？這樣下去，情況會有多糟？

當歐瑪攤開毛巾，凝視窗外，菲爾猛然想起，這位穆斯林正在確定方位，以便禱告時能面向麥加聖地。歐瑪把毛巾鋪在地上，全身跪拜其上。約十分鐘的靜默祈禱後，他起身回到座位上，感謝菲爾順應他的請求。

「應該的。」菲爾說道，並問他是否準備好重新開始晤談。歐瑪點點頭。「好的，」菲爾說道：「歐瑪，你是否曾爲其他情報機構服務？」菲爾的聲音聽起來一樣輕鬆自在，也許更輕柔些。歐瑪望著菲爾，似乎再次陷入思考中。他不安地挪了挪腳，輕輕抹去眉心冒出的冷汗，然後做出回應。「長官，爲何你要問我這個問題？有什麼疑慮嗎？」

無庸置疑，審訊（interrogation）在英語裡是有既定觀點的字眼（loaded word），會引發不安情緒。我們有充分理由認爲，聽到和看到這個字時，會令人想起惡言辱罵、拳打腳踢的場景。一般對審訊的理解，不外乎嚴厲、恐嚇以及威脅。要討論這個主題時，最好加上「非脅迫性」這個修飾語，才是我們認同的審訊方式。這樣才能成功獲取眞相。此外，「套話」（elicitation）和「審訊」這兩個字我們也常交替使用。不論如何稱呼，顯而易見的問題是：審訊（套話）到底是什麼？

套話的概念其實很簡單，就是影響或說服某人，讓他透露出原本企圖隱匿的訊息。這和「晤談」（interviewing）有何差異？後者是從某人身上蒐集他沒打算隱瞞的訊息。還有一個區別可能不是那麼容易理解，也與一般的直覺相反：晤談是對白（dialogue），審訊則屬於獨白（monologue）。

這是兩個明顯不同的過程，從晤談轉換爲套話，需要無縫接軌，不知不覺地完成。歐瑪當然不了解轉換的手法。

歐瑪停下來禱告，菲爾再次詢問他是否曾爲其他情報機構效力。在歐瑪回答之前，兩人明確處於晤談模式中，因爲菲爾判定歐瑪沒有必要隱瞞任何事。可是當他聽到歐瑪回應的剎那，氣氛都變了。

「長官，爲何你要問我這個問題？有什麼疑慮嗎？」這種口氣讓菲爾察覺到，歐瑪應該有難言之隱，話語中藏著不希望透露的訊息。菲爾的任務是找出關鍵訊息和眞相，是時候來列出最好到最壞的可能情況了。

以菲爾看來，針對這個問題，最佳的情況是，歐瑪腦海中蹦出的都是無害的事。或許，某個外國情報機構的成員曾與歐瑪接洽，後者雖有懷疑，卻未往上呈報。也許歐瑪的朋友或親戚與外國情報單位有關係，但他從未透露。根據當前資訊，菲爾接著設想最壞、令人不寒而慄的情況爲何：歐瑪是雙面諜，並積極從事對美國不利的間諜活動。

歐瑪位於光譜的哪一端？菲爾握有哪些事實，可作爲判斷依據？過去二十年來，歐瑪一直被視爲極有價值的線民，CIA制定和執行重要的行動時，非常倚重他提供的資訊。歐瑪已接受安全性審查多次，每次均表現優異。菲爾應該有足夠的理由把歐瑪定位在光譜上最好的那一頭。

菲爾坐在套房裡，盯著歐瑪，試著消化、解讀對方的訊息。這時，瑪麗一案的失敗回憶一閃而過。再也不會重蹈覆轍！

「歐瑪，顯然你有事沒說，我們得談談。」菲爾說話的聲音不疾不徐、語氣泰然自若，但歐瑪沉默不語。菲爾繼續說。

「歐瑪，我知道你對我們有多麼忠心耿耿。這些年來，因爲你的協助，這裡的同事聊到你時總是讚賞有加。其中一人告訴我，他非常信任你、喜愛你，猶如家人一般！我從未聽過其他同事如此稱讚一個人，這實在非常了不起。因此，請別誤會，我知道你對這次任務有多重要。我懂的。但我也明白，歐瑪，人生總有意外，事情就那樣發生了。大家都面對過類似的處境，人生就是如此。歐瑪，大家都知道你是好人，但好人也會遇上鳥事。所以不管你在擔心什麼，只要跟我們聊聊，一定有解決的辦法，接著就能改談別的事。這裡有太多重要的工作，沒必要被這種不知誰是誰非的鳥事綁手綁腳。不論你心頭在掛念哪些事，或想告訴我什麼，都是可以解決的。歐瑪，你到底在煩惱什麼？」

此時，晤談進入第三個小時，菲爾仍保持耐心。歐瑪凝視著遠方，彷彿試圖回憶某事，但又想不起來。他搖搖頭，並未否認什麼，只是望著菲爾。

「我真的不知道。」歐瑪說，看似仍陷入沉思中。「我不認識其他情報機構的成員。」這是有趣又特別的答案。菲爾在詢問時，並沒有提到「其他情報單位的成員」。他只想知道歐瑪心中掛念的事，結果得到很有意思的回應，實在有趣極了。

「好吧。」菲爾說道。歐瑪繼續搖頭，神情憂心忡忡。接著事態急轉直下。歐瑪尚未意識到自己剛說錯話，還出賣了自己。「不，」歐瑪的聲音聽起來更果斷：「沒有，我不認識任何梅奈西亞人。」（本案事涉敏感，筆者無法透露跟哪個國家有關，只能以虛構的國名「梅奈西亞」代稱）。

「猜中了！」這句話在菲爾心裡產生憂喜參半的奇妙感覺。一方面，菲爾深知當前有重大進展，真相呼之欲出。另一方面，結局看來凶多吉少。歐瑪不經意說溜嘴，這正是典型的「意料之外的訊息」或「謊言中的眞相」。在自己尚未察覺前，欺騙者往往會在精心編織的謊言中洩露內情。這個訊息令人恍然大悟：這名向來可靠的線民一定有認識梅奈西亞人。

菲爾緊追不放，繼續展現他獨白的功力，但內容有略微轉變。「有些事我們得談談」，這種說法適合一般情況，但現在需要問得更具體一點了。

「歐瑪，我懂。因爲這份工作，我們會在不同情境下遇到來自四面八方的人，但很難掌握每人的情況。我太太會提醒我，某個禮拜要一起和她的朋友見面。隔週，當她再提到這位朋友時，我卻不知道她在說誰。這眞是太丟臉了，但她並不明白我們這行會遇到多少人。」

歐瑪會意地點點頭，彷彿想到了他的妻子。菲爾繼續說道。

「我遇過梅奈西亞人、中國人等形形色色的人，這就是我們的工作。我可以想見，你的情況也是如此。歐瑪，你只是碰巧認識了某個梅奈西亞人，這不見得就有問題。我們只需要談開來就好，一切照章行事，不會有任何誤解。」

他應該明白菲爾的意思。又過了幾分鐘，菲爾準確地觀察到，歐瑪的思緒已飄向遠方。他開始回想，沒錯，自己認識一位梅奈西亞人，但那是好久以前，有二十多年了。歐瑪承認，那個人爲該國的情報員，還曾試圖招募歐瑪。接著歐瑪給衆人一記棒喝：該名梅奈西亞人確實成功了。

菲爾驚嚇不已，彷彿歐瑪剛告訴他，雖然自己二十年前發誓要吃素，但其實常偷吃起司牛肉堡。歐瑪滔滔不絕地吐露眞心話，很快就證明，結果是光譜上最差的情況。歐瑪已被梅奈西亞情報局吸收，這些年來只有一個非常明確的任務：在中情局擔任雙面諜。

現在菲爾的套話得更精準一點，他必須設法挖出歐瑪的任務內容，包括傳遞給梅奈西亞人哪些情報。

「聽著，歐瑪，」菲爾保持一貫的沉著冷靜：「我們無法改變歷史，只能接受現況。歐瑪，那些都是過往雲煙了。無論你幫梅奈西亞人做了什麼，都不可能挽回。你不能改變它，我也不能。想挽救這種局面，現在要做的，就是找出接下來的最佳行動方針。」

歐瑪上鉤了，彷彿抓到訴苦的絕佳機會，開始有條不紊地揭露出，梅奈西亞情報局授意他執行哪些任務，其中一項格外令人感到不安。

歐瑪透露，他曾設法接近中情局駐地指揮部的兩名通訊官，險些成功。通訊官相當於現今的系統管理員，可想而知此事有多麼嚴重。美國國家安全局技術外包人員愛德華．史諾登（Edward Snowden）就曾擔任過系統管理員。二〇一三年春天，他開始對外爆料高度機密的國安局反恐行動細節。通訊官的工作與系統管理員一樣，擁有查看所有情報的權力，並從所在位置傳送出去。

此兩名通訊官在城裡合住一棟房子。歐瑪的工作大有斬獲，成功買通了在屋內工作的佣人。在通訊官家裡安插眼線後，梅奈西亞情報局竊取情報的機率大大提高。幸好，美國的國安威脅在一個月內就消失了。歐瑪說，該名佣人獲得更好的工作機會，改到另一名中情局僱員家中做事，而後者所負責的海外任務，梅奈西亞情報局完全沒興趣。歐瑪通報消息給該局顧問時，此名身材魁梧的前舉重運動員臉色鐵青，對歐瑪大發雷霆，斥責他未能把握大好機會。

「你這個笨蛋！」顧問情緒激動，氣得發抖：「這兩人腦袋裡可是藏有金礦呀！」

一整個夜晚，歐瑪不斷吐露內情，直到天光破曉，氣氛非常愜意，令人感到很不真實。兩人彷彿在閒聊暑假做了哪些事。菲爾設法讓歐瑪集中思緒，也就是處於短期思維模式中，引導他說出眞心話。

一切結束時，菲爾凝視著窗外。幾個小時前，歐瑪還拿著毛巾走到窗邊，那似乎是很久以前的事了。之後所發生的一連串衝擊事件，令人餘悸猶存，菲爾因此不覺得疲倦。不過，他確實已準備好要彌補錯過的那頓晚宴。

CIA密技

從晤談轉換爲套話，需要無縫接軌，不知不覺地完成。

3 開啟對話的關鍵：「轉折語句」

想像一下完美的密室竊案。主嫌在無人發現之下溜進鎖定的大樓裡行竊，然後離開，過程非常順利，讓人百思不得其解。

我們也可把歐瑪當成密室竊案的主嫌，而他完美的犯罪計畫差點就實現。多年來，他躲過偵查，順利進入大樓，偷東摸西沒被察覺。可是當他與菲爾坐在飯店套房裡時，卻踢到鐵板，因爲他找不到萬無一失的逃脫路線。

兩人展開一場錯綜複雜的心智大戰，彼此互掂斤兩。菲爾經驗豐富，非常清楚對手擁有哪些武器可用來對付他。最明顯也是最重要的，就是歐瑪想隱瞞的決心與意願。此外，歐瑪有辦法掩飾自己的欺瞞行爲，並有一定程度的信心，相信自己能達成目標。

菲爾的進攻計畫從打擊歐瑪的信心開始。他必須先傳遞非常明確的訊息：「你的任務早已失敗。爲了完成任務，你迄今所做的一切努力，最終都宣告失敗。你以爲成功隱瞞所有消息，但逃不出我們的手掌心。你作案時當場被逮個正著，不得不改變策略了。」

菲爾和歐瑪能夠互助。菲爾需要對方的情資與合作，歐瑪則因舊戰術失敗而需要新計畫。菲爾的任務是提供替代方案給歐瑪，以免他產生防衛心，並警覺到菲爾正從晤談轉爲套話。這種轉換的關鍵在於「轉折語句」（transition statement），它能開啟後續的對話。

轉折語句是指獨白的第一或第二句話，可分成「關切式直接觀察」（direct observation of concern，簡稱DOC）、「犯罪式直接觀察」（direct observation of guil，簡稱DOG），以及介於兩者間的混合說法。

DOC用於提問者沒信心或把握時。假設你是某藥局的店長，某位藥劑師通知你有好幾打強效止痛藥「可待因酮」不見了。你和另一名藥劑師珍談到這件事時，她看起來怪怪的，前後說法不一致、還顧左右而言他，於是決定進入套話模式。不過，你雖有諸多懷疑，但不知情的部分還是很多，於是決定使用DOC用語，像是：「珍，希望妳明白，妳的合作有莫大助益。我眞的萬分感激。問題是，妳說的話前後不太一致，需要妳幫我確認遺漏了些什麼。」與珍談過後，你前去檢視配藥紀錄和出勤表，儘管她否認，但唯一拿走可待因酮的人顯然就是珍。此時你信心滿滿，就可以改用DOG轉折用語。「珍，我必須跟妳說，根據我們先前的談話內容，還有我調查及蒐集到的事證，肯定是妳拿走可待因酮。」

如先前所提，轉折語句也可能是介於兩者之間的混合用語，主要取決於你有幾分把握與信心。假設從所有跡象看來，的確是珍拿走了可待因酮，但你又有點猶豫，無法排除她是淸白的可能性。若是那樣，就可以改用如下的轉折語句：「珍，我們已經知道發生何事，也曉得是誰做的，但我們不明白爲何那個人要這麼做。我們談一談好嗎？」

珍明白你的意思：她被逮住了。但你傳達這個訊息時，無須過於直接，若有必要，別把話說死，多留點餘地。記住，不管用哪種轉折語句，態度都要一樣：姿態要低調、聲音要輕柔，速度不疾不徐。就情勢上來說，你是處於敵對狀態，所以你的用詞可能搞砸情況。

因此，你得謹慎挑選，才不會傳遞錯誤的訊息。在DOC狀態下，你最好用「打聽」，而非「調查」；說珍「拿」了可待因酮，而非「偷走」。做出這些細微差異，才能讓珍保持在短期思維模式中。用字遣詞非常重要，免得她會想到被炒魷魚、坐牢等後果。

轉折語句的妙處在於，它能立即傳達以下訊息給對方：「你想打敗我，但你至今所做的一切努力沒有一項奏效。」以婉轉的方式傳遞令人難堪的訊息，較不會引發對方的防衛心，以免製造敵對關係。接下來，當事人會思忖，既然自己所做的一切努力都失敗，接下來該何去何從？應當如何處理此事？該透露一點點消息給你嗎？還是設法把問題歸咎於他人？他努力重新構思一套戰術，而你得趁機提供他思考的方向。既然他的如意算盤全搞砸了，那也許可考慮你提供的建議，畢竟你的態度很低調，傳達的訊息很委婉，不帶有挑釁意味。

有些人轉換爲套話模式時，會開始咆哮怒罵、搥牆拍桌，以迫使對方吐實。但這種手段只會適得其反。的確，他們也提供了新選擇。對方受到刺激後開始思量，一定要劃清敵我界線，頑強抵抗你的攻擊。你的任務難度因此會提高，變得難以解決。

除此之外，當事人受到刺激後，還會竭盡所能將焦點轉移到其他人身上。因此你必須認清，一旦你挑釁、辱罵對方，他反而會設法扭轉局勢，化劣勢爲優勢。他若試圖轉移焦點，你就是最直接又方便的目標。突然間，他轉而質問你，爲何要苛待他，最後你只能苦吞敗果。保持泰然自若，輕聲細語，對方就毫無機會反擊，而你則依然掌控大局。

現在，再回過頭來看菲爾與歐瑪的交鋒。菲爾提出關鍵問題，詢問歐瑪是否曾爲其他情報機構效力。其實這個問題很籠統，但歐瑪回應時卻很緊張，於是菲爾認定其中必有隱情。菲爾眼前的疑問便是：到底該問題的哪部分令歐瑪感到不安？

猶豫不決時，我們通常會用刪去法，接著自然會提出更多問題，以確認眞相落在光譜上最好或最壞的位置。但此種作法有潛在危險，菲爾在盤問瑪麗的經驗中學會：在轉換爲套話模式前，嘗試找出問題所在，也可能產生嚴重的反效果。晤談時，是從對方的言行來判定他企圖隱瞞的訊息爲何，並透過不斷發問，來篩選可能的變數。但唯有進入套話模式，才能確認眞相落在光譜中哪個位置。

菲爾判定，進入套話模式的關鍵時刻出現時，便先採取DOC轉折語句，以保留各種可能性。「歐瑪，顯然你有事沒說，我們得談談。」此時，菲爾完全不知道眞相如何。也許，歐瑪的兒子與一群令人討厭的傢伙廝混，而其中有人認識情報機構的人。又也許，歐瑪在梅奈西亞情報局授意下擔任情報員，從事有損美國利益的活動。但他很清楚，使用DOC便能涵蓋此兩種情況。菲爾知道，歐瑪的紀錄完美無瑕，所以他腦海裡只有光譜中的最佳情況。幸好DOC用語涵蓋很廣，菲爾才能察覺其他的可能性。

DOC用語具有寶貴的驗證功能。菲爾質疑歐瑪「有事沒說」，但沒有給出特定方向，所以歐瑪會選擇性地回答以免露餡。輪到歐瑪講話時，菲爾就有機會找到破綻，並蒐集足夠的線索，以便確定結局是好是壞。

還有一件事必須謹記，歐瑪的反應未必等於「內有隱情」，他也許是淸白的。菲爾詢問他是否曾爲他國情報單位賣命，而歐瑪語帶保留，並未提及有人與他接洽，因爲他懷疑對方是爲壞蛋效力。而這事情就沒那麼嚴重，菲爾得知實情後，就可以改口說：「謝謝你，歐瑪，很高興你告訴我。此事不用太擔心，我很高興你能幫忙釐淸。」

在淸白的歐瑪心中，卽便自己的行爲有瑕疵，他仍得到公平與尊重的對待。於是他忠誠度提高了，更願意負奉獻自己以維護美國的利益。我們與該名重要線民的關係依然穩固，未有一絲破裂。我們將在第十章詳細說明這件事的重要性。

在確實獲得眞相的那一瞬間，你才會發現轉折語句有多麼神奇。構思轉折語句的過程很刺激，因爲這是你第一次向對方表明：「我知道你有所欺瞞。」無論是明示或暗示，若你的轉折語句反映了實情，對方回應的力道一定會加強，你接下來就會遭遇頑強的抵抗。從行爲心理學的角度來看，從此人對轉折語句的反應，你就更有信心判斷他是否騙人。比方說，當你用轉折語句說：「調查指出，你可能涉案其中。」若對方聽到後不做回應，只是靜靜坐著，或回答：「我想，這個調查應該不會讓我感到困擾。」此時，你明白自己已經朝正確方向前進。對方無法理直氣壯地說「這個調查對我不痛不癢」，等於無意間傳遞出當中必有蹊蹺。只不過你尚未幫他鋪路，讓他吐露一切。他還沒意識到，你等等就要開始展現精湛的獨白。

乍看之下，DOC與DOG用語有些呆板，很容易掌握。的確，有些轉折語句比較公式化，可以預先背好，才能順利展開獨白。但只要精心挑選用字遣詞，就能設計一組複雜的心理戰術。轉折語句夠精彩，你就能掌控接下來的對談，並大大提升獲取眞相的成功率。

DOC與DOG用語的指控力道取決於許多因素。假定你的轉折語句最後才出現：「調查明確顯示，你就是拿錢的人」，那對方一定會矢口否認，因此產生適得其反的效果。這個訊息你在晤談中你會想聽到，但在套話時會盡量避免。你眼前已有「讓對方說實話」這個尚待克服的難關，如果你給對方矢口否認的機會，接下來的任務會更難達成，也就是讓對方承認自己謊話連篇。這時氣氛會變得劍拔弩張，最後兩敗俱傷，而你最後也無法獲取眞相。

「調查明確顯示，你就是拿錢的人」，這個DOG用語並非不妥當，它也能發揮某種效果，關鍵在於，轉折語句的力道強弱，取決於衆多精打細算的因素，包括你有幾分的把握與信心、議題的敏感度、政治背景，以及對方有多麼精明老練。轉折語句極爲微妙，在你的錦囊中最好備妥工具，可依不同情況隨時拿出。

CIA密技

轉折語句範例

以下提供一些簡單的轉折語句，說明從DOC到DOG，用字遣詞如何從溫和變得強烈。

- 你似乎在想什麼。
- 你應該有心事吧。
- 剛剛我們談到某事，你看來有點煩惱。
- 你剛剛描述的情況，似乎自己也不太確定。
- 我問你那個問題時，你表情有些擔憂。
- 你的回答讓我有點不安。
- 你吐露的內容令人開始多想。
- 雖然聊完了，但你好像更多話想說。
- 你剛剛給的答案要不要再想想。
- 前面提到的事情，我有一些疑問。
- 我們已完成調查，坦白說，無法排除你是嫌犯的可能性。

- 調查指出，你可能涉案其中。
- 證據確鑿，你一定有問題。
- 我肯定知道主嫌是誰，也曉得發生何事，只想知道爲何他要這麼做。

4 獨白的藝術：讓對方忍不住吐露眞心話

不久前，世界盃足球賽在美國境外一座風景如畫的城市舉行。有位年輕男子「李奧」被指派爲「佛蘭隊」的口譯員（本章所討論的個案事涉敏感，在此以虛構的國名「佛蘭」代替）。他戴著眼鏡、身材矮壯、做事非常認眞，對於佛蘭語及其文學都很精通。該項任務要求極高，在比賽期間，他得二十四小時全程待命。李奧毫無怨言，因爲他珍惜能在足球聖殿一展長才的機會。而且他喜歡佛蘭人，與他們的足球選手和隨隊官員相處，可說是機會難得，等同於到佛蘭一遊。

不出所料，隨隊官員中，有幾名是佛蘭情報局幹員。其中一位名爲「奧托」的特務，與李奧變成好友，兩人經常聊到家人和對未來生活的想望。某天傍晚，他們離開球隊下榻的宿舍，奧托問李奧是否會繼續研究佛蘭。李奧說想去攻讀碩士，但猶豫不決，不知該去美國或是佛蘭的大學。

外國人通常很難到佛蘭留學，所以李奧最終選擇美國的學校。不久，他進入某名校的研究所就讀，其佛蘭課程備受推崇。李奧入學後認識一名美國同學「奈特」，兩人很快成爲莫逆之交。完成學業後，兩人各奔東西，追求不同的生涯。李奧回到祖國，獲聘爲佛蘭研究的學者，奈特則成爲中情局情報員。

這幾年來，奈特和李奧仍保持聯絡，還會互寄賀卡。機緣巧合下，奈特調派到李奧的母國，兩人恢復頻繁的交流。不久後，奈特得知，李奧的研究工作很重要，也包含美國政府極感興趣的情資。奈特承認，這段友情有潛在的情報價值，但他不希望破壞彼此的關係。最後，他決定邀請李奧成爲中情局的線民。李奧表示有意願，可考慮看看。奈特很高興，並鬆了一口氣，既能獲得意想不到的情報，兩人的情誼也未受到傷害。

李奧決定加入後，審查作業旋卽展開。菲爾很快搭機到李奧的母國，以確保他的背景淸白。

在奈特安排下，李奧在當天傍晚六點抵達某家飯店的套房。菲爾和奈特有提早到達，這樣才有足夠時間進行安檢。兩人一致同意，李奧到達後，奈特最好找藉口離開。不過，奈特能等待審查結束的地方，竟然只剩下浴室。

「你覺得不妥的話，可以在飯店大廳等待。」菲爾說道。毫不意外地，奈特婉拒了。奈特是優秀的情報員，而李奧是他的人馬。他不可能離開，因爲想親耳聽完整個過程。菲爾強調，奈特必須保持安靜，否則李奧察覺有異樣的話，就會說出相反的答案。若發現好友在現場，李奧一定會極力隱匿事實，那菲爾就更難追問了。萬一奈特得上廁所，一定要等菲爾打暗號才行。除此之外，現場得保持安靜。

這一行的基本原則是：沒有人會向衆人坦白一切。傍晚六點，李奧準時出現。奈特介紹李奧和菲爾認識，接著一副若無其事的樣子轉身離開，並溜到浴室裡，彷彿駕輕就熟。

菲爾和李奧坐下來。開始晤談時，李奧似乎很緊張，菲爾默默記下，但他知道這是正常的，所以對方不安的原因爲何，菲爾不願驟下結論。回答問題時，李奧有照實說出，這才是最重要的。事實上，一開始相當順利。接著菲爾問李奧，是否曾爲壞人做過事。

「李奧，接下來的問題非常重要，」菲爾溫柔地說道：「你願意爲我們效力，但你是否曾爲其他外國情報單位工作過？」菲爾以爲自己閱歷無數，其實不然。李奧停頓一下，接著起身說：「先生，沒有。」然後又坐回去，低下頭，瞪著地板。「你在開玩笑吧？」菲爾頓時覺得天旋地轉，彷彿時光突然倒轉，這名學者回到學生時代，在課堂上被師長嚴厲斥責。這到底是怎麼一回事？

一如既往，答案會落在最好及最壞間的某個位置。現場氣氛很奇特。李奧和奈特是多年老友。「你是否曾爲壞人賣命」，這個問題讓李奧出現焦慮的神情，而菲爾必須確認原因爲何。毫無疑問，李奧開始感到不安，所以菲爾該展現他的「概念流暢力」了。他必須開始獨白，態度要冷靜並使人安心，就從DOC用語開始。

「李奧，我知道這場會談絕不輕鬆，而且有些問題非常私密，」菲爾說道：「顯然有事困擾著你，我們談一談好嗎？」

李奧略微俯身湊過來，低著頭，似乎有話要說，但仍然沉默不語。菲爾繼續說道，他的速度不疾不徐，聲音毫不急躁，也不帶任何指責語氣。

「李奧，我知道這種情況有點尷尬。畢竟，你和奈特是很要好的朋友，而且認識多年。事實上，奈特說了很多你們過去幾年來相處的事。他非常重視你們的友誼。奈特對你的評價很高，極度推崇你的背景和涵養。你還懂得運用知識造福人群。正因如此，他才會邀請你加入我們。奈特知道，要是有機會，你可以爲更多人謀求福祉。」

李奧抬頭看了菲爾一眼後，垂下頭，再次沉默。菲爾這次運氣不錯。

「我和奈特聊過，他唯一擔心的是，你可能不太了解我們這一行做事的方式，以及我們會遇到的狀態。你也許會覺得，過往某個經歷將導致你喪失資格。實際上，我們閱歷無數，能夠解決所有問題。李奧，你知道嗎？奈特說你凡事都追求完美，但其實我們所生活的世界並不完美。」

奈特躲在浴室裡，努力想聽淸楚對話，因爲菲爾有壓低音量。他聽到的內容讓他快抓狂了。奈特心想：「才進行不到二十分鐘，就已經在審訊我的朋友？他到底在幹嘛？」但好戲正要開始而已。

「我們不斷跟那些完美主義的人溝通。李奧，那種想法不對，世界不是這樣的。你知道嗎？我也覺得有點尷尬。奈特是我的朋友，我當然不希望告訴他任何壞消息。但問題在此，李奧，許多事不一定是壞消息，不用太先入為主。無論有什麼事情讓你感到心煩，你都必須記著，一定有解決的方法，不會走到死胡同。我們經歷過大風大浪，絕不會被嚇跑。我在這行多年，坦白說，不管你提出什麼問題，我們都有辦法解決。我們知道，每個人做事都有各自的理由，有時是因為事態失控，有時是沒意識到事情的嚴重性，或根本是自己小題大作。他們沒有看清楚整件事的全貌。」

菲爾反覆說著同樣的話，就像電視購物的主持人一樣。相對地，聽眾愈常聽到某件事，接受的可能性就越高，或至少願意敞開大門。菲爾持續說了一個小時的好話，李奧從頭到尾低著頭，不發一語。最後，菲爾決定試探一下，他得知道李奧在想些什麼，因此必須讓他有機會說話。菲爾暫停下來，宛如老師一樣，用慈愛、富有同情心的口吻展開下一步。

「李奧，當我問你是否曾爲另一個情報機構效力時，你想到了誰？」

短暫停頓後，李奧抬起頭來，鼓起勇氣思考該如何開口。「佛蘭人。」他說道。

好，那就對了。菲爾點點頭，眼神一亮，他終於明白李奧爲何如此煎熬。

「李奧，謝謝你，這聽來合情合理。讓我們來面對這件事，你一生的心血都投注在佛蘭國，與當地人打交道、了解他們的文化。你知道嗎？我一點都不怪你。這個國家也十分令我著迷。我常想，如果能在那裡四處旅行、認識當地人及體驗一切，該有多棒！但我沒有選擇的自由，因爲實在是太困難了，這世界就是這樣，有太多難題要解決。」

李奧抬起頭來，菲爾的話博得他的共鳴。

「撇開政治因素，李奧，我完全理解爲何你會對佛蘭人深感興趣。我只是好奇，當我問到你是否曾爲其他情報單位效力時，爲何你會想到佛蘭人。所以我們來聊聊吧，至少試一下。」

李奥點點頭說：「好吧。」

花了點時間定神後，李奥開始說故事，帶領菲爾回到認識奥托的世足賽那一年。當時奥托介紹他認識一位佛蘭朋友「霍瑞斯」，他就住在李奥後來讀研究所的美國城市。李奥和霍瑞斯很快就變成好友，兩人經常聊到研究內容與相識的人。李奥入學後，申請擔任某位資深教授的研究助理，也順利錄取，霍瑞斯對此特別感興趣，而該名教授正好擔任美國決策官員的顧問。霍瑞斯經常去找那位教授，問他爲美國政府做了哪些顧問服務。李奥承認，自己偶爾會提供一些文件影本給霍瑞斯，以說明教授參與哪些政府工作。

就在此時，菲爾徹底了解，目前的狀況已逼近光譜中最壞又最危險的情況。他回到了獨白，轉折語句從DOC變成DOG狀態。

「李奥，謝謝你的分享，這個消息對我們很有幫助。顯然，我們現在面對的問題很嚴重，霍瑞斯接近你應該是爲了蒐集情報。幸好你說出來了，問題才會更容易解決。李奧，請你放心，這種事我們早已司空見慣。我和各行各業的人共事過，包括爲人父母者、學生、政府官員及企業主管，他們也曾意外陷入你目前的困境中。畢竟，眞誠善良的人偶爾會涉入自己不熟悉的事物，在恍然大悟之前，總會心想：『天哪，我怎麼會捲入這一切呢？』他們立意良善，所以才會牽連其中。

「我的意思是，讓我們面對現實吧！過去幾年來，你的佛蘭朋友一路幫助你、支持你，也希望你報答他們。這是理所當然的。如果有人幫你，自然希望你有所回報，舉手之勞也好，這很正常。我、奈特及所有人都明白這個道理。也許你的佛蘭朋友利用了你，這只是猜測，畢竟那不是我能決定的，我也不打算妄加評斷他。我所知道的是，這是可以解決的問題。但我們必須把所有事情攤開來講，才能知道要處理的重點是什麼。這是唯一的辦法。李奧，想想看，你認爲那些情資對誰有好處？」

李奧聳了聳肩。「得了吧，李奧。」菲爾說道，自始至終，他的聲音都維持一貫的平靜和審愼。「你知道他們是誰對吧？」李奧點了點頭。「李奧，他們是誰？」菲爾繼續。李奧注視著菲爾說：「跟你一樣。」「不，李奧，說淸楚。」菲爾的語氣溫和，帶有鼓勵的意味。他渴望幫助李奧，讓後者一吐為快，放下心中的巨石。李奧低頭說：「FIS。」「是佛蘭情報局，」奈特在浴室裡閉上雙眼，搖了搖頭。這位多年的好友竟是佛蘭情報局線民，這令人難以置信，但如今奈特親耳聽到，還是直接出自李奧的口中。奈特的思緒開始飄回過去和李奧相處的時光，但他旋即定了定神。他得聽完剩下的部分，不過就在此刻，菲爾決定讓李奧休息一會兒。

「謝謝你，」菲爾說道：「我知道這並不容易。這樣好了，我們休息一下。」菲爾走進浴室，奈特在裡面依然搖著頭。「我要宰了你。」奈特說道。菲爾不確定哪些事讓奈特如此煩躁：是晤談意外變成審訊，或是李奧的爆料內容，還是在這沒完沒了的獨白階段，他被困在丁點大的浴室內。「奈特，我很抱歉。」菲爾說道，明白這對奈特來說必定很煎熬。「不，你做得完全正確，」奈特承認：「我們必須追根究柢。」他發洩後明顯覺得好多了。

「我會的，」菲爾向他保證：「要有點耐心。」奈特點點頭。兩人一致同意，不論要花多久時間，都要努力找出真相。

菲爾回到座位上，從剛剛暫停之處繼續問。接下來的部分令人痛苦不堪，但本來情況會更糟。李奧坦承，在學校認識奈特後，他就告知佛蘭情報局，此人可能會到中情局或聯邦調查局工作。當然，佛蘭情報局鼓勵他要抓住這條人脈，努力加深彼此的情誼。

李奧畢業回到母國後，被引薦認識另一名佛蘭人，他很淸楚，此人就是佛蘭情報局幹員。菲爾問他，到底是什麼原因，讓他願意與佛蘭情報局合作，是爲了金錢嗎？李奧回答說，他偶爾會收到一筆小錢，但這並不足以打動他。

「那麼你爲何要這樣做？」菲爾問道。

理由很簡單，所以李奧覺得很難爲情：「我喜歡佛蘭人。」

奈特在浴室裡聚精會神地聽著：「菲爾，繼續問。」

菲爾彷彿能看穿奈特的心思，於是接著詢問李奧，如今他受邀爲中情局工作，此事是否有告訴佛蘭情報局。李奧說沒有，但最令他羞愧的是，他曾向佛蘭情報局報告與奈特在大學時代的往事。李奧回答時並未顯露出欺騙的跡象。他只是在兩方之間猶豫不決；他既喜歡佛蘭人，也喜愛他的好友奈特。

隔天上午八點，歷經十四小時後，菲爾的工作結束了。另一方面，奈特還有更多事要處理。奈特非常氣憤李奧背叛了他，但被出賣的痛苦有稍減一二，因爲李奧並未通報自己準備跟中情局合作。幾個星期後，奈特連同聯邦調查局幹員帶著李奧一起回到當年兩人就讀的學校，一一走過李奧和佛蘭情報局幹員會面的地方，並把那些幹員的身分透露給聯邦調查局。

請務必把李奧一案謹記在心，下一章，我們將更深入說明至關重要的獨白內容和表達方式。

CIA密技

獨白的態度要冷靜並使人安心，用語就像慈愛的老師一樣。

5 如何展現獨白：眞誠與同理

有一說，犯罪者渴望能被理解，才會覺得自己被寬恕了。這個觀點精簡道出獨白橋段預期達成的目的。訊問李奧時，菲爾從未忘記，無論他企圖隱瞞的事實爲何，他既無權原諒李奧，也沒有權力判定他的行爲後果有多嚴重。若李奧相信訊問人員會設身處地爲他著想，那麼從他口中獲取眞相的機會將大增。既然他企圖隱匿消息，那麼該如何讓他覺得我們能夠諒解他呢？

這並不容易。對菲爾來說，盤問瑪麗時要做到這點尤其困難。畢竟，他厭惡瑪麗所做的一切：背叛自己的國家，危害她所屬的社會。審訊結束時，瑪麗感動到擁抱菲爾，並說：「謝謝你的體諒。」當然，獲取眞相才是最重要的任務。菲爾難以理解和接受，怎麼會有人背叛國家；但在瑪麗的心中，卻感覺到菲爾有體諒她。

對麥克・弗洛伊而言亦非易事。幾年前，一名年輕父親遭指控對自己三個月大的男嬰施暴，麥克奉派協助調查。男嬰受傷部位包括肋骨斷裂、背部大片瘀傷以及肝臟嚴重腫大。多虧麥克在審訊過程中與該名父親建立融洽關係，對方才招認罪行。麥克得讓對方覺得，他是眞心誠意要理解來龍去脈。不少人想學習或模仿我們的作法，卻因缺乏「眞誠」而失敗。坐在你面前的那個人必須相信，你所言皆出自眞心。所以你要嘛是出自眞心誠意，要嘛你有精湛的演技。麥克訊問此名父親的過程中，就用上非常精湛的表演技巧。

有三技巧提供給大家，簡稱爲SEL，對於塑造誠摯的印象非常有用。說明如下：

放慢說話速度（Slow your rate of speech）

記住，當你準備開始獨白時，可能會感到熱血沸騰。好戲即將登場，雖然有風險，但總得放手一搏。但最好有意識且明顯地放慢說話速度，強調某些關鍵字特別有用。營造出更隨和又輕鬆的氣氛，讓人覺得你遊刃有餘、有自制力。

專注於訊問對象（Engage the person you're interrogating）

一開始筆記本好像派不上用場，反正對方什麼都不說，不是嗎？不如放下紙筆，全神貫注於當下。雖然是面對面接觸，但無須目不轉睛地看著對方。審訊當然稱不上是輕鬆舒適的爐邊談話，但不安的氣氛會因此降到最低。

降低音量（Lower your voice）

大量研究指出，以控制的效果來看，低音量比高音量更有用。我們的經驗也證實此點。當你破口大罵，對方會有兩種典型的自然反應：大吼回去或置之不理。這是最難以收拾的情況。

記住，對方犯的第一個錯就是讓你開始獨白，他並未意識到你已停止發問。現在，你變成不斷說話的那個人。此種情況持續愈久，對你愈有利。爲了繼續保持此優勢，你必須壓低音量；降低一或二分貝，你的努力與付出就會有更多回報。

記住，獨白的表達方式和內容一樣關鍵，甚至更重要。無論你說的話多麼高明又有說服力，若未能有效傳達，對方就聽不進去。如果你的態度嚴厲且盛氣凌人，對方會把你看成敵手，滿腦子只想著如何打敗你。你還不如用另一國語言來講，因爲不管你說什麼，他都會解讀成：「你就是故意要刁難我。」接下來你的工作會變得超級困難。

你的聲音是最有影響力的工具，有助於建立並維繫當場的和諧關係。對方可能不喜歡你，討厭你代表的立場，但你說話的方式會讓他突然覺得：「哇，這跟我原本預期的完全不一樣，我本來以爲會是威脅恫嚇。」你仍會遭遇一些反抗。但是，當對方感受到你的尊重、專業態度和客觀立場，知道你沒有敵意，不會故意整他。那他就不會再抵抗了。這種場面的美妙之處在於，整個局勢都對你有利，而他卻完全不知情。

菲爾盤問李奧，並開始展開獨白。在DOC用語後，他接著說：「李奧，我知道這種情況有點尷尬。畢竟，你和奈特是很要好的朋友，而且認識多年。」

菲爾帶著同情心，他要傳達給李奧的訊息是：「我明白這一切，理解並在乎你的感受。」這種態度不是即興演出，也無關使用時機，但需要精心設計。根據我們的經驗法則是，富有同情心或同理心的說詞，最好緊接在轉折語句之後。這樣一來，對方就會接受你希望他聽到的話。在菲爾的同情心與鼓勵下，李奧便以正確心態接受他的訊息。

當李奧坦承，他腦海裡一直惦記著「佛蘭人」，菲爾便馬上抓住機會，表達自己感同身受。

「這個國家也十分令我著迷。我常想，如果能在那裡四處旅行、認識當地人及體驗一切，該有多棒！」

這麼一來，菲爾不但同情李奧，更與他產生共鳴。易言之，除了關心李奧的處境，菲爾更能感同身受。當然，此種特殊的同理心表達方式，當中有一值得討論的要點：菲爾所說不是事實，因爲他一點也不想造訪佛蘭。因此你便學到，即使你的獨白必須有意義且可信，但內容不一定是眞的（第九章將更進一步討論）。當然，絕不可以誇大事實或亂開支票，這樣更難取得眞相。表現出眞誠絕對有必要，雖然有時你被迫要撒謊，畢竟有些事你很難打從心底接受。比如去訊問猥褻兒童的連續犯時，就很難認同他的感受。但菲爾經驗豐富，可以靠演技打動嫌犯。

菲爾入行之初，曾奉派去審問一名美國政府僱員「奧斯卡」，這位十五職等的資深主管因猥褻兒童遭到調查。菲爾經常奉命去盤問嫌疑犯，當中有些人被控犯下你無法想像的可怕罪行。這是工作的一部分，必須完成，但此次特別艱難。

調查過程中，我們並未發現不利於奧斯卡的關鍵證據。問題是，奧斯卡沒有通過測謊，因爲他無法回答與性變態有關的標準問題，可見他確實有所隱瞞。他也沒有理直氣壯地說，自己從未涉及此類事件。

安全部門爲何命令他與菲爾碰面？奧斯卡心知肚明，所以沒必要遮遮掩掩。菲爾檢視奧斯卡的測謊結果後，以他特有的自然與冷靜態度直搗核心：「你是否曾性騷擾兒童？」

奥斯卡怒目相向，對菲爾晃了晃手指，毫不掩飾自己的輕蔑之情。奥斯卡生氣地瞪著菲爾：「小伙子，我絕不會那樣做。變態才會那樣，我不是。」看來菲爾無須再聽此人的辯解，該換奥斯卡當聽衆了。菲爾轉換到套話模式。

「奥斯卡，我們從測謊中得到一致的結果。顯然你腦袋想的事跟猥褻兒童有關。我們好好談一談，才能釐清眞相。聽好，我有兩名幼子，坦白告訴你，如果你眞是變態，我就沒辦法與你共處一室，絕對辦不到。但事實不一定如此，你長期爲國效勞，表現又很優秀，也許只是因爲有事而感到心煩。

「無論困擾你的事情爲何，我向你保證，這絕不是世界末日，否則沒有人可以好好活著。我們都做過一些百般後悔的事，一想到就煩惱不已。奥斯卡，世事難料，沒有人希望造成傷害。鳥事總會發生，而且都發生在好人身上。我們也遇過壞人，自己也做過壞事。好人會做出錯誤的決定，並非有意傷人。有時，我們只是做得太過火，沒意識到後果，不知道有人會受到傷害。正因如此，我們才需要聊一聊，好解決問題。

「當然，我不是精神科醫師，也不想假裝自己是這方面的專家。但我至少知道，生活偶爾會偏離軌道，尤其在我們還年輕時。它所帶來的長遠影響，連我們自己也控制不了。若眞能克制的話，就不會有這麼多問題了。大家都明白，我們生活在一個瘋狂的世界。奥斯卡，我的意思是，觸目所及都是與性相關的訊息，躲也躲不了。這是社會問題，必須由衆人來解決，我們無法改變什麼。我們只能開誠布公，先解決手上的問題。」

一切進行得很順利。菲爾所說的話顯然引起共鳴，因爲奥斯卡不再抵抗。菲爾繼續說下去，一而再、再而三地重複他的觀點。到了試探的時刻，菲爾輕輕地說，語氣中沒有一絲嘲諷或僞善。

「奥斯卡，我知道你也很尷尬，沒有人想討論這種超級私密的事情。毫無疑問，在當今的社會裡，談到和孩子有關的話題，特別讓人覺得難堪。但有時情況就是如此，到處都有小孩。咱們面對現實吧，你上一次與小孩獨處是什麼時候？」

接下來的談話內容讓人感到非常不舒服，我們也無意讓讀者承受這一切，只能透露，奧斯卡承認猥褻數百名兒童。他甚至分享最喜歡出沒的地點，像是能迎合孩子所好的披薩連鎖店與商店街。

現在，回到菲爾一開始的獨白話語。當奧斯卡氣憤地聲稱自己不是色狼時，菲爾是這麼說的：「聽好，我有兩名幼子，坦白告訴你，如果你真是變態，我就沒辦法與你共處一室，絕對辦不到。」

以上並非全是假話。菲爾當時確實有兩名稚子，不過「他相信奧斯卡不是色狼」、「否則無法與奧斯卡共處一室」，此兩種暗示都是假的。當菲爾進到偵訊室前，就認定奧斯卡是變態，與其共處一室，也讓菲爾渾身起雞皮疙瘩。儘管如此，菲爾知道他必須保持中立態度，奧斯卡才會放棄說服他自己不是色狼。最好的辦法是不時表示贊同，並參雜一些假話，這時奧斯卡的計謀就無法發揮關鍵作用，被迫得重新思考對策。此時，菲爾就可以想方設法替奧斯卡解套。

爲何像奧斯卡這種眞正邪惡、冷酷又老練的人，或是殺害無辜者的恐怖分子，不會屈服於強勢的訊問，反而會被非脅迫性的審訊手法打動而輕易招供，難道不怕被當成軟弱或無能的人？

回答之前，我們先考慮基本的前提：「邪惡、冷酷、老練」究竟是什麼意思？從他們的表現，我們眞的有感知到這些特質嗎？有些人主張「這種人一定很難配合，絕不吐實」，這只是把自己的思考模式和偏見強加於他人身上。事實上，他人的行爲未必合乎邏輯，也無法符合我們的期望或偏好。畢竟，猥褻兒童有何邏輯可言呢？某位中情局心理學家這麼說：「人類的行爲和邏輯之間沒有必然的因果關係。絕對不可以假設壞人或當事人會在某種特定環境下出現特定行爲。」我們的經驗已一而再、再而三地驗證此說法。

蘇珊．卡妮西羅會對一名求職者「露西爾」做篩選面試。一開始，她跟初審面試官承認自己以前有毒癮，但強調早已戒除。與蘇珊會面時，露西爾穿著很隨意，藍色工作襯衫搭配藍色牛仔褲就來了。在面談過程中，蘇珊發現自己一直盯著襯衫上的標誌，想搞懂它是什麼。結果，那是某個監獄的符號；露西爾剛服完刑，因爲持有及販賣古柯鹼。與蘇珊面試結束後，露西爾必須直接到中途之家報到，以繼續對抗毒癮。露西爾的行爲毫無邏輯，連面試的服裝都不挑。

CIA密技

獨白的表達方式和內容一樣關鍵，甚至更重要。無論你說的話多麼高明又有說服力，若未能有效傳達，對方就聽不進去。

6 試圖合理化對方的行爲

乍看之下，菲爾在盤問李奧時，只是隨機發表獨白。它彷彿沒有特定形式，只是跟著意識流傾洩而出。菲爾講了一堆，只希望當中有一兩句能鼓勵、誘勸對方說出眞心話。其實並非如此。確實，菲爾的目的是說服李奧，讓他透露企圖隱瞞的一切。但菲爾在獨白中所說的話，每一個字都是精心安排，每一句話都有明顯的目的。經過周密的考量，他精心編好有意義的內容，不會發出瑣碎的訊息，以免減損效果。

下面將說明獨白的組成元素及使用原理，並說明菲爾如何將其運用於訊問李奧的過程中。請注意，在獨白中使用這些元素時，無須依照特定的順序。

合理化對方的行爲

每一件事都能找到合理的解釋，你絕對都可以爲它想出理由或藉口。爲了讓對方保持在短期思維模式，在獨白時，爲了保全對方面子，就可以合理化他的行爲。這個方法非常有效。菲爾在處理李奧的情況時，就有運用合理化原則。

「畢竟，眞誠善良的人偶爾會涉入自己不熟悉的事物，在恍然大悟之前，總會心想：『天哪，我怎麼會捲入這一切呢？』他們立意良善，所以才會牽連其中。我的意思是，讓我們面對現實吧！過去幾年來，你的佛蘭朋友一路幫助你、支持你，也希望你報答他們。這是理所當然的。如果有人幫你，自然希望你有所回報，舉手之勞也好，這很正常。」

「我們知道，每個人做事都有各自的理由，有時是因爲事態失控，有時是沒意識到事情的嚴重性，或根本是自己小題大作。他們沒有看清楚整件事的全貌。」

怪罪他人

壞事發生時，每個人都能輕而易舉把矛頭指向別人。要爲某事完全負責非常困難，尤其後果極其嚴重時。若希望對方承認自己有錯，你必須讓氣氛變輕鬆。讓對方覺得，無論他做了什麼，不完全是自己的錯。在獨白時講這句話非常有效。那麼是誰的錯？社會、學校、體系或政府，找大一點的目標就對了，這樣就能編出含糊不清、容易辯解的藉口。若你找的目標清楚又明確，反而會對自己不利，變成你承諾當事人某事，讓他可以脫身。因此，在審問李奧的過程中，菲爾把目標歸咎於抽象的「政治」：「撇開政治因素，李奧，我完全理解爲何你會對佛蘭人深感興趣。」

接著菲爾暗示，佛蘭人也許得負起部分責任，但他並未詆毀與李奧有關的任何人。「也許你的佛蘭朋友利用了你，這只是猜測，畢竟那不是我能決定的，我也不打算妄加評斷他。」

輕描淡寫

讓對方保持在短期思維模式，別讓他老是想著先前做的事有什麼不良後果。對此，最有效的方法是淡化情勢的嚴重性。當然，你不必掩飾太平，也無須掩蓋眞相，但可以安慰對方，比如「幸好不是最糟的情況」、「並非無可挽救」，「這不是世界末日」、「一定有解決辦法」。你也無須明確說明「解決」的意思。菲爾這樣對李奧說：

「你也許會覺得，過往某個經歷將導致你喪失資格。實際上，我們閱歷無數，能夠解決所有問題。李奧，你知道嗎？奈特說你凡事都追求完美，但其實我們所生活的世界並不完美。我們不斷跟那些完美主義的人溝通。李奧，那種想法不對，世界不是這樣的。」

「奈特是我的朋友，我當然不希望告訴他任何壞消息。但問題在此，李奧，許多事不一定是壞消息，不用太先入爲主。無論有什麼事情讓你感到心煩，你都必須記著，一定有解決的方法，不會走到死胡同。」

加入社會因素

人類是社會性動物，所以要讓對方覺得自己並非孤立無援或遭到遺棄。所以我們得在獨白中告訴他，其他人也曾面臨相同的困境。菲爾就是這樣和李奧溝通的：

「李奧，請你放心，這種事我們早已司空見慣。我和各行各業的人共事過，包括為人父母者、學生、政府官員及企業主管，他們也曾意外陷入與你目前的處境中。」「我們經歷過大風大浪，絕不會被嚇跑。我在這行多年，坦白說，不管你提出什麼問題，我們都有辦法解決。」

「我、奈特及所有人都明白這個道理。」

強調眞相

掌握對方的心態，讓他專注於說出眞相，而非解釋自己的行為。設法讓他相信，脫困的唯一方法是誠實以對。菲爾在這點上說得很清楚：

「我所知道的是，這是可以解決的問題。但我們必須把所有事情攤開來講，才能知道要處理的重點是什麼。這是唯一的辦法。」

記住，把這些元素放入獨白時，用字遣詞是關鍵。還記得挪用可待因酮的藥劑師珍嗎？前面提到，要用「打聽」，而非「調查」；說她「拿了藥」，而非「偷走」。同樣地，菲爾對李奧發表獨白時，他所用的DOG用語是「霍瑞斯接近你應該是爲了蒐集情報」，但沒有提及「間諜」或「從事間諜活動」等字眼。談到李奧的佛蘭窗口時，菲爾是用「朋友」而非「佛蘭情報局聯絡官」。避免使用嚴厲的字眼，對方才能保持在短期思維模式中，而不會執著於自身行爲帶來的不良後果。

麥克在中情局處理某起間諜案時，嫌疑人說自己被調查人員扣上「間諜」的帽子。麥克知道，他必須迅速扭轉氣氛，因爲那個嚴厲的用詞已經成爲阻礙。下面的簡單交談發揮了作用：

麥克：他們叫你什麼？

嫌疑人：他們叫我間諜。

麥克：那是什麼意思？

嫌疑人：不知道，我猜是指兜售機密以換取金錢的人。

麥克：以你的情況來說，那根本是胡說八道。你只是分享訊息而已，目的是為了促進全球情勢穩定，這也是我們一直努力的方向。

沒錯，這有點矯情，但卻有效。

同樣重要的是，不可使用侮辱或攻擊性字眼，否則對方會閉口不談。千萬別忘了這點。麥克曾受雇於某位著名的刑事辯護律師，他代表一名華裔委託人。此人是核能物理學家，任職於一家重要的國防承包商。他涉嫌提供機密情報給中國情報單位，遭到聯邦調查局監視已久，還好幾次被拍攝及錄下與知名中國情報員會面的過程。

此名核能物理學家被帶來問話，既然已蒐集到大量的犯罪證據，聯邦調查局期待對方能坦誠以對。根據該嫌疑犯的說法，當他走進偵訊室，兩名探員其中一人就下令：「中國佬，坐那邊。」

這種處理方式一點都不尊重人，顯然與麥克的作法不同。麥克能諒解對方的難處，眞誠地與之交談。於是嫌疑犯對他敞開心房，透露了許多實情，讓聯邦調查局難堪。事實上，該名嫌疑犯一聽到種族歧視的字眼，就告訴自己：「無論他們有多少證據、罪證多麼確鑿，我打死都不會讓這兩名探員取得寶貴的口供。」最後，政府與此核能科學家達成和解，他承認自己洩露機密情報給中國，但無須坐牢。

在某個週五夜晚，你和另一半去看電影。精采的預告片結束後，趣味的宣導短片出現（當中有殭屍、牛仔及戰士），提醒觀眾手機關靜音。有公民素養的你按照指示做了。電影結束時，你拿出手機看到一通未接來電和一則語音留言，但你沒見過那個電話號碼。好奇之下，你決定聽取留言，等一等再與另一半閒聊電影內容。按下手機按鍵後，你聽到的內容是：「我是州警局的威廉斯警探，請盡速回電，謝謝。」

你的心跳開始加速：「州警到底爲何打電話給我？」你知道自己沒做什麼壞事，連看電影手機都會關靜音。你告訴自己不用擔心，但心跳依然很快。「我做了什麼？」事實上，此通電話的來由有許多完美、合理的解釋，與你所做的任何錯事無關。威廉斯警探也許撥錯電話，或是前來爲已故和殘疾警員的家屬募款。或許你住家街道發生竊盜案，他致電給每一個住在附近的人，確認是否有發現可疑之處。但你的腦袋沒想到這些情況，只忙著在悲慘的情境中打轉。

「我要如何向另一半和家人解釋警方的指控？我需要律師嗎？我甚至沒認識半個律師，除了健身房的那傢伙，但他是個蠢蛋耶。我得向公司請假嗎？又該怎麼告訴老闆？」

到家後，你失控抓狂，不知道自己怎麼了，其實有個簡單的診斷結果：你感染了「心靈病毒」。這是較口語的說法，當人接收到可疑的訊息，滿腦子想到各種假設性的後果，就會引起心理不適。我們很容易受到此類訊息的影響，且沒有方法可防患未然。

套話時，就可以善用心靈病毒這個原理，尤其是當你假設會有正面的結果時，成效會更好。重點在於用字力求含蓄，而非明確。

假設你是校長，正和一名學生說話。據其他三名同學的說法，昨天這位學生帶了一把槍到學校，而同學們直到今天才舉發此事。老師搜查該名學生的置物櫃及私人物品後，並未找到任何槍枝。基於你所掌握的情報，最有可能的情況是，他昨天下課後已將槍枝帶回家藏好。儘管如此，倘若這名學生眞的攜槍到校，你必須有處置辦法。

你顯然不能對他說：「告訴我實話，就不會開除你。」但你可以這樣說：「校方的立場是要解決難題，了解爲何會發生，並找到解法。」你讓他在心理上接受此說法並加以思考「解決」的意思。但若他眞的詢問「解決」是指什麼，你可別自我設限，或許可以回應如下：

「聽好，『解決』就是了解事情的起因，一旦我們明白之後，就能思考下一步該怎麼做。此刻我們陷入僵局，是因爲對此事的緣由毫無頭緒。我們知道有事發生、也知道關係人，卻不清楚爲什麼。幫我們找出來龍去脈，就能找出解決之道。」

此回應的妙處在於，假如眞相對他不利，他會明白這是他的錯，而非你、學校或體系的錯。你無須一而再、再而三地強調，他就能明瞭自己做錯事。

菲爾盤問李奧時正是使用相同的策略。顯然他不能讓李奧脫身，因此他讓心靈病毒發揮作用。菲爾告訴李奧，把所有事情攤開來講，就是解決問題的唯一途徑，等於是留待李奧自行解讀「解決」的可能意涵。他對李奧說：「奈特知道，要是有機會，你可以爲更多人謀求福祉。」就是讓李奧自己決定和考慮，他和中情局是否仍有合作的可能。當菲爾暗示「也許你的佛蘭朋友利用了你」，李奧就得自己決定此話的可信度。

重要的是，在某種程度上，雖然設計獨白內容猶如套公式，但並非總是千篇一律。專家使用的一些字詞，的確適用於各種情況，但絕對不可只會拾人牙慧、有樣學樣，或只會用名言佳句去堆砌。你必須針對個別對象和情況來設計獨白訊息，甚至在轉換爲套話模式之前就要開始構思，以確保自己有仔細聆聽並吸收對方在晤談時所說的話。在回應你的問題時，對方若提到妻子懷孕、剛被炒魷魚，或因有小孩在讀大學所以手頭很緊，那就太好了。這些是非常寶貴的情報，有助於你針對個別需求來編織合理化的說詞，以便引起共鳴。

另外，你也必須徹底了解事件全貌。菲爾訊問李奧時，利用了李奧和奈特的友誼來做文章。你手上所握有的相關訊息，都是建構獨白的基礎。同樣的策略亦適用於任何一種套話情況。

假設你是辦公室主管，發現現金盒裡有五萬塊不翼而飛。從時機點和情勢來看，可以肯定是會計助理「莎莉」拿走的。就你所知，莎莉是單親媽媽，生活不是很寬裕。你質問她時，對方全盤否認。所以你要傳達的訊息如下：

「莎莉，在我準備和妳談話前，突然想到，就我對妳的了解，心裡不禁納悶，這種事怎麼會發生在你身上？妳爲什麼要做這種事？妳知道嗎？這些年來，我和不少人聊過，他們行爲有偏差，但其理由沒有說服力，也無人能體諒。假如情況完全相反就好了。譬如，某個夜晚我回到家，兒子和女兒抬頭望著我說：『媽咪，晚餐吃什麼？』但事實上，我沒辦法做晚餐，因爲冰箱裡空無一物，食物櫃空蕩蕩的，荷包裡也沒有半毛錢。別無選擇，我也許會做出不正常的事情。但迫於現實，我又能怎麼辦？幸好我不必面臨這種選擇。

「莎莉，我要說的是，萬一妳陷入這類情況，必須設法求援，讓大家了解妳的狀況。雖然，我們未必能把不恰當的行爲解釋爲正確的選擇，卻有助於釐清整件事的緣由。每個人都做過令人尷尬的決定。壞事每天都會發生，重要的是，試著讓大家理解看看，爲何會發生這種情況。」

這當中完全沒有千篇一律的說詞，而是直搗莎莉的個人狀況，並設法讓自己與她產生關聯。這不容易做到，畢竟你要處理的是五萬塊不翼而飛。

類似的開場亦適用於其他輕微的情況。假定你是人事經理，負責篩選及面試求職者。隨著時間累積，你培養出一種預知能力，知道人們在哪方面會說謊，包括捏造履歷，或美化教育程度和相關技能等。因此，你需要一套獨白的基本架構，以及一個有意義又合理的「理由寶庫」及其他資訊，在面談時可供使用。具體來說，你任職於某個知名棒球隊，想要聘請公關專員，但求職者都過度誇大自己在媒體界的人脈。這時你必須能見招拆招，在面試時才能破解他們的謊言。唯有正確掌握求職者的人脈關係，你才能聘到最適合的人。面試時，你必須說服求職者全盤托出他的眞實人脈關係，此時「合理化對方的行爲」就能派上用場，像是這樣：

「您知道嗎？這麼多年來我們發現，許多面試者以爲得認識名人、擁有豐沛的人脈關係才能應徵上這份工作，所以都會有點過度誇大自己的能力。這完全可以理解，大家對這個職位有太多不實的期待或錯誤訊息。事實上，我們要尋找的最佳人選剛好相反！我們已有很龐大的人脈資料庫，所以只需要能與高度配合的人就好，特別是能學會善用、更新此套資料庫。我們會提供必要的各種支援，因此，團隊必須確實了解新同事的狀態。這就是您面試的目的。」

他的腦袋「砰」一聲！頓時恍然大悟。

若審問對象是孩童，要更加小心謹愼。孩子常常不了解大人提出的問題，也沒意識到自己搞錯了而胡亂回答一番。與孩子打過交道的人都知道，他們分不清幻想與現實的界限。大人認爲的謊話在孩子心目中可能是實話，因此獨白內容必須考加以調整。

有位律師「瓊斯」委託麥克去訊問十三歲的女孩「寶麗」。她自稱六歲時遭受邪教成員嚴重虐待。這是很令人憂心的案件。根據寶麗的說法，這個加州的邪教經常舉辦神祕儀式，教主折磨了包括她在內的六十名孩童，包括強暴和嚴刑拷打。寶麗宣稱，有些小孩已經被殺害。

瓊斯正在研究，是否可能對此邪教組織提出集體訴訟，而在所有據稱受到傷害的兒童中，他認爲寶麗的說法最可靠。瓊斯也許是一廂情願才相信寶麗的說法，所以需要麥克來跟寶麗見面聊聊，確定她講的是眞話，以提升案件的可信度。

進入晤談階段後，麥克知道他有三大困難需要克服。首先，寶麗已多次接受家人、警方、治療師及律師的晤談。那些誘導與暗示性的問題影響力很大，寶麗現在很難區分幻想與眞實。她也許能讀懂這些人無意間透露的訊息，並回答對方想要聽到的話。既然律師會提起集體訴訟案，所以訊問寶麗的某些人會故意扭曲問題，以掩蓋自己的錯誤或滿足私利。其次，事件發生已有一段時間，消息曝光時已很難確定眞相、衆說紛紜。事件發生到消息曝光已經過了七年，對寶麗這麼年輕的生命而言，簡直就是漫長的折磨。再者，不管是哪種情況，審問孩童都是一大挑戰，加上此案件涉及邪教儀式、強暴、嚴刑拷打及謀殺，因此更加敏感。

寶麗的故事既離奇又可怕。當麥克聆聽她的描述時，必須保持客觀且不妄加評斷。他意識到，自己若顯露任何情緒，都會影響她回答的內容。與寶麗相處的兩天中，麥克突然察覺到，她看來非常深信自己所說的故事。寶麗所表現出的肯定感，究竟是來自眞實經驗，或是虛構的記憶；她在各種場合中一再重複述說，最後竟然信以爲眞。下面爲晤談的書面紀錄：

麥克：「妳先前在口供中說到，X先生在他舊金山的公寓裡強暴妳。」

寶麗：「我不知道我們是否有發生性行為，他射了某樣東西在我身上，但我不記得那是什麼。」

麥克：「你是否看到X先生在水底洞穴用折胎棒刺死小男孩？」

寶麗：「不，那是史丹。」

麥克：「在先前的供詞中，你說是兇手是X先生。那到底是史丹或X先生？」

寶麗：「X先生。」

麥克：「為何你剛說是史丹？」

寶麗：「我不知道。」

麥克：「你們怎麼到達水底洞穴？」

寶麗：「我忘記了，好像是搭直升機到某個地方。」

麥克：「直升機在哪裡降落？」

寶麗：「草地上，然後我們搭巴士到湖邊。」

麥克：「妳說，通往洞穴所在地的湖邊，有道門上鎖。上頭有個牌子寫著『禁止擅入』，對嗎？」

寶麗：「是的。」

麥克：「妳先前說過，在此趟行程前，妳還不認識字。那麼妳怎麼知道牌子上寫的是『禁止擅入』？」

寶麗：「我學會認字後，就知道牌子上寫的是什麼。」

麥克：「說一下你們如何抵達湖邊的水底洞穴？」

寶麗：「我們（寶麗和其他兩名女孩，年約四到六歲）換上長T恤，他們花了幾分鐘教我們如何潛水。」

麥克：「他們怎麼教的？」

寶麗：「我們沒有到水裡，只是站在岸上，他們幫我們穿上潛水設備。」

麥克要求寶麗畫下她們所使用的潛水設備，但看起來像是準備發射到太空的奇特服裝。

麥克：「妳知道怎麼游泳嗎？」

寶麗：「不知道。」

麥克：「然後呢？」

寶麗：「接著，我們登上一艘小船，上頭有名大人，把船划到湖中央。」

麥克：「你們有穿救生衣嗎？」

寶麗：「沒有。」

麥克：「你們什麼時候穿上潛水設備？」

寶麗：「一上船就穿了，搭船途中都是戴著潛水設備呼吸。」

麥克：「到湖中央時，發生什麼事？」

寶麗：「我們全都跳進水裡。」

麥克：「如果船上只有一位大人，誰把船划回岸邊？」

寶麗：「我猜那時候應該有兩個大人。」

麥克：「接著發生什麼事？」

寶麗：「我和年紀最小的女孩牽著他的左右手，三人潛到水裡。他有一支手電筒。」

麥克：「然後發生什麼事？」

寶麗：「另一名女孩跟我們一起潛到水裡，我們花了約一分半鐘抵達洞穴。」

麥克：「如果這位大人左右手牽著你們，又怎麼拿手電筒，又怎麼游泳？」

這時寶麗表演那個大人在水裡雙手划行的樣子。

麥克：「好，接下來呢？」

寶麗：「我們潛入約三點五公尺深之處，他拉開一個塑膠蓋，讓我們游進洞穴裡。」

麥克：「描述一下洞穴的樣子。」

寶麗：「嗯，很難說。我猜就是一個房間，地板和天窗很髒。」

在麥克的耐心提問下，寶麗描述了邪教儀式、強暴、嚴刑拷打及謀殺等血腥細節。

麥克：「離開洞穴後，你們怎麼回來？」

寶麗：「我們浮上水面後，船已不在那兒，所以我們游回岸邊。」

麥克：「那到底要怎麼做呢？」

寶麗：「他一手拉住一人，年紀最小的女孩則自己游過去。」

寶麗的說法前後不一，麥克因此明確知道，她並沒有完全吐實。該是轉換到套話模式了，麥克便開始獨白：

「寶麗，這兩天聽完妳的故事後，我發現一定有什麼事在困擾著妳。瓊斯先生應該有告訴你，我的工作是分辨人們在說實話或編故事。我認為，妳會那麼煩惱，是因為妳告訴我的事情有些不是真的。但沒關係，寶麗，不用太擔心。這陣子以來，這個故事妳說了好幾次，大家都知道，謊話說得夠久，自己就會開始相信它。

「我想現在的情況就是如此，那些故事成為妳的真實人生。我猜，最初妳只是覺得好玩，所以編了故事，想看看人們有何反應。妳應該沒想到大家真的會相信。可是大家都當真後，妳就很難改口說是開玩笑的。這一切突然變得很混亂。

「有人告訴妳，我會來此與妳談話。但在此之前，整件事已經一發不可收拾。大家想破頭要搞懂這場鬧劇，這令我忍不住笑了出來。妳也會覺得有點可笑吧。妳不得不承認，整件事變得有點蠢，但該責備的是那些前來處理的大人，而不是妳。

「妳所說的話有很多不合理之處，肯動半點腦筋的人都知道，那只是瞎鬧而已。如果我是妳，一點也不會覺得不好意思，因為沒有人受到傷害。在我年紀還小時，我曾用一根不起眼的小棍子和鄰居小孩交換他的玩具馬車。」

寶麗這時笑了出來。

麥克：「回家後，媽媽問我從哪裡拿到玩具馬車，我說是在路邊撿到的。她知道我在撒謊。我覺得，如果告訴她真相，她會要求我把馬車還給鄰居小孩。最終，我還是告訴她實話了，她說她能理解，但也認為我占了對方的便宜。「她希望我能做對的事。雖然很捨不得，但我還是把馬車還給對方了。媽媽覺得很安慰。我還記得說實話和做好事的感覺有多好。就像我一樣，妳也能做好事與說真話，我知道妳可以的。寶麗，妳是個好女孩。我一點都不想讓妳感覺難受或尷尬。相信我，我自己也曾幹過蠢事，次數多到我不願意承認，我並非十全十美。妳們學校的鉛筆上有橡皮擦嗎？」

寶麗：「有啊。」

麥克：「大家都會寫錯字，所以才會把橡皮擦裝上去。大家會明白妳的處境，就跟我一樣。沒有人會生妳的氣。等等我就會去幫妳跟瓊斯先生解釋清楚，他一定會很高興的。幸好我們還沒向法院提出訴訟，就先搞懂了這一切。一開始會有點難受，但妳是勇敢的小女孩，我會陪妳一起度過難關。寶麗，再問妳一次：這些故事是為了傷害X先生和其他人，或只是好玩而已？」

寶麗：「只是好玩而已，就這樣。」

麥克：「寶麗，謝謝，我以妳為榮，一切都會好轉的。」

麥克獲得解答，雖然不是瓊斯先生期待的眞相，但他接受了。他讚揚麥克的偵訊能力。這宗訴訟案就此畫下句點。

CIA密技

與孩子晤談或訊問時，有些訣竅要牢記：

- 解釋開啟晤談的原因，設法讓孩子感到自在、有安全感。
- 孩子了解說謊和說實話的區別，當他說出「我不知道」或「我不明白」時，不要逼問他。

- 孩子可能會說出你想聽的話，而非實話。
- 說一些你的成長故事，分享一下你當時做的壞事，他們才會跟你有連結感，知道你懂得他們的經歷。
- 問題要具體而簡單，若有抽象的概念（如上下、進出、前後、今天昨天明天），要確認孩子明白你的意思。
- 身爲家長，要謹慎選擇你的戰場，必要時才開啟獨白，例如孩子考試作弊、沾染毒品或參與犯罪活動。如果只是功課沒寫完或沒打掃房間，就不用對他長篇大論，否則他會感到麻痺。
- 避免對孩子說謊。既然你要他吐露眞心話，那你的立場也得更加堅定。

7 對方情緒激動或一概否認時，不要跟著他的情緒起舞

菲爾的辦公室裡掛了一頂帽子，上面繡著：「如果你的嘴唇牽動一下，肯定是在說謊。」世事當然沒那麼絕對。但我們可以直截了當地說：「假如設某人撒謊，我們不希望他嘴角下沉。」套話時，此句箴言應深深烙印在你的腦海裡。

自晤談進入套話模式後，之所從對白切換到獨白，只爲了一個明確的目的：你想從對方口中聽到眞相，其他訊息都不需要。你希望他招供，或是正確地描述事實。不幸的是，無論你的獨白多麼精湛和迷人，都不能假設對方會耐著性子、全神貫注安靜聽完（又不是在觀看舞台劇《哈姆雷特》）。他極可能會反抗，此時你需要做好準備，處理對方的反彈態度。

套話時，我們會遭遇到的反抗有三種：滔滔雄辯、情緒激動及極力否認。此三

種反抗會如何展現，又該怎樣克服這些阻力，以下將一一說明。

滔滔雄辯

嫌疑人用它來左右或操控你的看法，極具渲染力和影響力，這些辯詞也許眞的，或是巧妙到令人無法辯駁。回到第三章的例子，也就是藥房遺失了可待因酮。事實顯示，藥劑師珍偷了藥，應負起責任。你轉換成套話模式，順利展開獨白。這時珍突然打斷你的話，緊接著大發議論。

「這沒道理呀！我在這兒工作六年了，從來沒有人指控我做錯事。大多數的藥劑師都是我訓練的，他們都很尊敬我。我才不會偷藥，何必呢？只爲了那幾顆該死的可待因酮，把自己的飯碗弄丟。」

珍企圖說服你，是你冤枉好人了。她的對策很高明。她利用「光環效應」來製造假象，以證明自己是好人。她說的是事實：她訓練了那些藥劑師，後者也確實尊重她。這些話也讓人無法辯駁，她看起來不像小偷。這些雄辯渲染力極大，聽來令人信服。如果你被誣告偷竊，應該也會說出類似的話。不同的是，你應該會強調自己沒有偷東西，而不是脫口說出一大堆雄辯之詞，只想證明自己是好人。

因此，聽到珍的說法時，一定要確認是什麼意思，並破解它們的作用，以削弱其威力。要達到此目的，方法就是先表示贊成。「聽好，珍，妳說得完全正確。藥局裡每個人都知道妳有多認眞，其他藥劑師都說妳樂於助人。這些年來，妳確實是我的得力助手。」

緊接著，你就可以繞回到獨白的橋段：

「就因爲這樣，所以一定得解決這個問題。如此我們才能繼續工作，善盡本分並滿足衆人的期待。我們都不應該妄加評斷他人，所以要克制，只需要弄清楚事情發生的原因，解決了就好。如此我們就能繼續幫助別人。」這時珍意識到她的策略不如預期般地進展順利。她企圖藉由左右你的看法來說服你，結果沒有成功，於是不得不放棄此招數。

情緒激動

珍必須改變策略，於是採用情緒性的行爲，包括大哭、暴怒、恐懼、驚慌甚至出手打人。你當然不想假裝沒看到，但也不能被她牽著走，妨礙你的套話流程。因此，珍一開始哭鬧的話，要勇敢面對她，然後溫柔且堅定地表明，這樣解決不了問題，並試著安慰她。

「珍，我知道妳很沮喪。那並非我的本意，請見諒。我絕對不想讓妳覺得那麼難受。但妳也必須明白，這樣無法解決任何事情，難過或生氣對你我都沒有好處。」

緊接著你就可以直接回到獨白段落。

大發雷霆或驚恐的人很難安撫，但只要保持冷靜，就可以適當應對。蘇珊曾對一名中情局僱員「史黛拉」做過例行性的安全調查。她四度訊問史黛拉，因爲對方在回答問題時有所欺瞞，可能有洩漏機密情報。經過三次交鋒，史黛拉覺得很難熬，還爲蘇珊冠上「染金髮的淩遲女神」封號。無論如何，訊問本身就有侵略性的一面，任誰都受不了，但對於有所隱瞞的人來說就難熬了，更會感到疲憊至極。到了第四次，蘇珊很清楚，史黛拉一定有洩露高度機密文件，因此轉換到套話模式。蘇珊冷靜而自信地展開獨白，語氣充滿關心與同情，結果並未收到預期效果。史黛拉開始尖叫，說她受夠了，假如蘇珊不立卽停止，她就要衝到七樓的局長等高層主管辦公室，從陽台一躍而下。

蘇珊不爲所動。「史黛拉，我知道這肯定很煎熬，」她溫柔地說道：「但解決的唯一方法就是保持冷靜，如此妳才能幫助我們了解事情的來龍去脈。問題解決後，就能擺脫這一切。」蘇珊馬上回到她的獨白橋段。

正如讓滔滔雄辯失去作用，這裡要傳達的訊息很簡單：「哭鬧是沒有用的，妳嚇唬不了我、動搖不了我，也影響不了我。妳勢必得想出不同的辦法，而我會幫助妳。」

對方的情緒很難處理，但顯露出來未必是件壞事。情緒發洩後，當事人很快就會坦白吐實。憤怒和挑釁是大絕招，但只要努力化解對方的情緒，他很快會坦誠以對，並意識到再堅持下去是沒有用的。

極力否認

記得本章開頭出現過的那句箴言嗎？「假如某人撒謊，我們不希望他嘴角下沉。」因此，當對方極力否認、表達抗拒時，你必須有因應之道。正如第五章所說，在整個獨白過程中，全神貫注十分重要，你才會注意到蛛絲馬跡，看出對方的抗拒。爲了否認指控、打斷你的獨白，他會用下列的強烈語句開場：「我已經告訴過你了……」、「我跟你說……」。這些話一出現，你就得趕快控制住局面。

從珍的案例來看，她一定會否認你的指控，阻撓你發言。若她先發制人、提出反駁時，你可以立卽採取幾種方法，粉碎她的戰術。首先，若你希望讓某人閉嘴，最直接有效的辦法是說出「對方的名字」。在人際溝通中，最迷人而微妙之處在於，當我們聽到自己的名字時，自然而然會從說話模式轉換爲傾聽模式。這通常代表有人要引起我們的注意力、有事要說，所以一聽到自己的名字，我們就會馬上豎起耳朵。

下一步是發布指示，像是「珍，等一下」或「珍，讓我釐清一下」。這樣你才能控制交談的過程，並緩慢回到獨白中。一如往常，你必須冷靜地傳達這些訊息，且不要提高音量。大聲說話很難控制局面，只會製造出對峙的氣氛，讓你的工作難上加難。

第三，舉起你的手來。這是讓某人閉嘴極有效的方法，可謂世界通用的停火標誌。這是爲了自我防衛，而非故作姿態，準備挑釁或打臉對方。它就像發布指示一樣，只是動作更明顯，更有威力。畢竟這是唇槍舌戰，只要讓對方住口，就等於奪走他的武器。中古時期的騎士刀劍相向；荒野大西部的牛仔則是槍戰火拼。騎士的劍一被拔走、牛仔的槍沒有子彈，就別無選擇，只好舉雙手投降。爭辯時，假如有一方無法開口說話，同樣的無力感也會擊垮他，最後情勢一面倒。

幾年前，加州警察局有數名探員接受我們的訓練，並破獲一個與幫派有關的竊盜集團。他們能成功破案是因爲其中一名幫派分子「卡爾」坦承，他們闖進大賣場偷走價值十幾萬美元的桌上型電腦。

這些探員的主管堅稱，盤問卡爾毫無意義，因爲他是集團的慣犯，要他開口談根本不可能。但探員們認爲値得一試，主管最後同意了。他們順利取得口供後，讓主管目瞪口呆，想知道他們是如何辦到的。於是，全部的人回到審訊室，詢問卡爾爲何招供。

「看到你手舉起來，不讓我繼續扯謊，我就知道一切都結束了。」卡爾說道。態勢很清楚，卡爾帶了把刀跟槍手火拼，當然毫無機會。

抗拒的表達方式有很多種，也會依出現時機而改變。在交火前，通常就會有一方展現守勢，打定主意要反抗到底。不論是接受面試、訊問或其他交鋒場合，他都要設法拖延時間，甚至控制整個局面。在《財星》雜誌列出的全球五百大企業中，有位資深主管「諾曼」就是如此。

菲爾入行之初，被指派去調查諾曼，因爲後者的公司打算取得政府標案。因事涉敏感，所以此合約規定，連同諾曼在內的公司主管都得接受安全性審查。調查後，菲爾發現諾曼認識一名外國友人，卻未依規定向政府報備。這是很嚴重的情況，諾曼對政府撒謊，沒有交代他與此外籍人士的關係。爲何諾曼想隱瞞？菲爾的任務是讓諾曼承認此事，並查明兩人的關係。

就旁觀者來看，這場競賽極不公平。菲爾年輕又缺乏經驗，卻得正面迎戰年長又閱歷豐富的諾曼。身爲主管的諾曼習慣下令並要求他人遵從。在商場上打交道時，掌控局面是他的第二天性。諾曼一走進偵訊室時，菲爾就知道自己有得忙了。

菲爾自我介紹後請諾曼坐下。諾曼默默地、輕蔑地瞄了一眼，接著轉身，發現門後掛鉤上有個衣架。他緩慢走回門口，誇張地脫下西裝外套，掛好後才肯坐下。諾曼望著菲爾說：「我沒太多時間。」這與他進門時蹣跚、拖拖拉拉的樣子形成鮮明對比。

與菲爾交鋒時，諾曼採取敵對的態勢，並打算用拖延戰術，讓菲爾無法獲取足夠的資訊。理論上，菲爾與諾曼共處的時間愈短，成功的機會就愈低。菲爾因此看出來，諾曼一定很在意此事，而且心裡嚇得半死。

菲爾深知，諾曼的處境很可能涉及下列兩種情況：此位神祕的外國友人是名女子，兩人墜入情網；或者此人與他有業務往來。既然諾曼這麼在意，他認爲前者的可能性較高。諾曼已婚，若只是純粹的商業夥伴，那就不必遮遮掩掩，顯然此人是外籍女友。菲爾準備好兩套策略，但先從婚外情的可能性著手。

對菲爾來說，問題不在於諾曼已婚且有外國女友，而是他不夠坦白，未能對政府交代這段關係。菲爾躍躍欲試，準備各種手段要獲取眞相。他的獨白內容很經典：

「諾曼，首先你要明白，這樣的事經常發生。我的意思是，大家早已司空見慣，不管是哪一國人，也無論位階高低，都躲不過這種風暴。事實上，沒有人能對此免疫，這是人性、情感上的問題，大家都難以開口談論。信不信由你，有些人寧可冒著丟飯碗的風險，也要保守祕密。他們應該認爲，自己會被人評斷，即使那不是調查人員的工作。諾曼，其實這不關我們的事，我們絕對沒有資格做道德評斷。我們只要需要了解，當中是否涉及反間諜的工作。這樣說吧！類似的情況鮮少牽涉到國防問題。如果這事發生在拉斯維加斯，我敢打賭，至少有百分之八十的機率跟國安無關，無論當事人在擔心什麼，都是杞人憂天而已。」

諾曼專注聆聽，並暗自消化對方的獨白。菲爾那冷靜、富有同情和同理心的聲音，讓諾曼感到非常安慰。

「聽好，諾曼，我並非在指責你什麼，只是試圖釐清頭緒而已。假如中情局局長現在出現，問我問出了什麼，我只能確定一件事：你顯然有些煩躁不安。」

這是菲爾的試探手段，若諾曼沒有反駁，就可確定兩件事：首先，有關女友一事他對了；其次，他將取得諾曼的供詞。如果諾曼沒有否認自己有所隱匿，那整件事就差不多要結束了。

諾曼緩緩地點頭說：「是的。」

「諾曼，告訴我令你煩惱的事情是什麼。解釋清楚後，我們就能完成審核流程。」菲爾安慰對方說。於是諾曼談到外國女友一事。

諾曼處世老練，擁有精湛的情境管理技巧。相對之下，菲爾年輕且較沒經驗，最終卻完成任務。諾曼被徹底打敗，是因菲爾設法理解他的處境。於是諾曼了解到，這件事不等於他的爲人，而且心事吐露出來後，反而有圓滿的結果。諾曼對此驚嘆不已，敬畏之情久久未能平復。

最終，諾曼通過安全性審查，菲爾感到很欣慰，這個意義遠比「套話成功」還重要。

CIA密技

抗拒的方式有三種：滔滔雄辯、情緒激動、極力否認。

平息否定態度的有效方法：叫對方的名字、下達指示、舉起你的手。同意對方的看法，就可以減弱滔滔雄辯的威力，以珍的例子來看：

- 首先，同意她的說法，以清楚表示，自己有聽到她剛剛說的話。
- 對她而言，你的反應似乎違反直覺。她的目的是要頑強抵抗，但你卻突然和她站在同一邊，剎那間，她以爲自己說服你了。
- 你回到獨白橋段時，她才發現：「天啊！居然沒效。」

- 珍意識到那招沒效，當場愣住，不得不揣想下一步該怎麼辦。她也許會想，給你一些真實情報也是一種選擇。
- 你奪走她最有力的武器後，她只好棄械投降。因缺乏其他策略，她只好專心聆聽你說話。在還沒意識到之前，她已被引入短期思維模式，再也無法轉移注意力了！

8 鼓勵對方多說一點，以確認他藏了多少未爆彈

你繼續訊問珍，並發表獨白，到了某個時間點，該確認一下進展如何。爲了讓珍坦承偷拿了下落不明的可待因酮，你必須評估自己目前離眞相多遠。何時爲最佳時機點？你在獨白中會丟出某些訊息，若珍突然有反應，就是轉捩點到了。這個反應也許是非言語的：當你告訴她，唯一的解決方法是把事情攤開來講，她點頭表示贊同。也可能是用言語表達：她找了一些理由或避重就輕的說法來認同你的看法，像是「對啊，最近日子很難熬」、「你說得對，我不是個壞人」。

確認進度後，下一步你該說什麼？假定你簡單地說：「珍，告訴我，是妳拿走可待因酮嗎？」這會有問題，而且很嚴重。你剛傳遞的訊息是，自己還不確定她是否拿了藥，所以她仍有機會說服你。她的解讀是：可以奮戰下去，還有機會獲勝。

與其用是非題來揭穿她，不如根據某些資訊，以假設性的問題來傳達訊息。不管討論或調查哪些議題，都可以用這個方法。你的提問可能是「珍，可待因酮目前放在哪裡。」、「珍，妳手上還有多少可待因酮」。

當她聽到這樣的問題時，有兩條路可走。一是抵死不從，此時你必須繼續發表獨白。另一條路則會帶你到想要的目的地：獲取眞相。若是後者，你就可以直接進入情報蒐集階段。

你要謹記的第一件事是，務必忍住斥責或懲罰對方的衝動。如果她說：「眞的很抱歉，不應該做那樣的事。」你必須克制一下，不可嚴厲抨擊她，以免說出「就知道是妳幹的」、「爲何不早點告訴我，省下大家的時間」爲了蒐集情報，一定要讓珍感覺到，她做出了正確的選擇，如此她才會願意繼續跟妳分享眞心話。

珍決定吐實後，你必須設法給一點獎勵。簡單的一句謝謝，就有很大的效果，譬如「謝謝妳，妳一定鼓足勇氣才說出來」。你也必須壓抑喜悅之情，不可得意忘形，應帶著同情的語氣，而非傲慢，例如「這眞的很不容易，妳做了正確的事」。在法庭上，律師也許會反對這種態度，但我們總不能說講眞話不値得鼓勵吧。在任何情況下，你都不希望她被送上法庭。爲了讓她保持在短期思維模式中，「輕描淡寫」是很有效的手段，比如說「這不是世界末日，明天太陽還是照樣升起」。

在套話時，要多多獎勵對方，這樣他才會願意繼續透露眞相。獎勵的表達方式至關重要。有時，當他們發現分享訊息就能獲得回報，就會吐露更令人吃驚的事實。

不久前，蘇珊受託代爲面試一名求職者「哈莉特」。哈莉特爲自僱承包商，經常轉換身分爲不同雇主工作，過去幾年來，也定期接受各個人資部門的面談。哈莉特每次都順利通過，蘇珊預期此次也是如此。結果不然。蘇珊得知，哈莉特因早上爬不起來，已經丟掉好幾份工作。哈莉特一開始聲稱，那是因爲她喜歡熬夜看電視，但後來又坦承與濫用酒精和藥物有關。

她接著招認，幾年前曾吸食古柯鹼上癮，姑姑只好向社會局舉報，說她疏於照顧小孩。哈莉特承認，受挫時，現在還會使用大麻和古柯鹼。蘇珊問她上哪兒買藥，哈莉特回答說，不管在美國哪個城市，她都能在街上找到毒販。她還補充說，一年前購買毒品時，還被毒販的競爭對手開槍射傷。在不到一小時的面談裡，哈莉特一股腦地傾吐所有實情。

面談結束時，蘇珊問哈莉特，爲何現在她能自在地全盤托出，但之前卻不曾告訴任何一位面試官？哈莉特解釋說，之前的人資專員只會問她是否有酒精或藥物濫用問題，她只要回答「沒有」，面談就結束了。哈莉特說，蘇珊比較有好奇心，就算自己一開始否認，也不會停止談話。當哈莉特透露更多消息時，蘇珊也不會大驚小怪，所以她感覺很自在。哈莉特還說，蘇珊竟然會感謝她說了實話，這對她有重大的意義。聽到簡單的一句謝謝，確實會讓人有點飄飄然。

我們也發現，爲了獎勵對方的配合態度，除了謝謝之外，還有其他有力的方法。一點點小創意也可以產生很大的效果。

蘇珊還曾面試過前特戰軍官「凱文」。多年來，凱文一直擁有政府高層級的安全許可。面談過程中，蘇珊發現凱文非常喜歡喝酒，也無法清楚回答跟性變態有關的標準問題。凱文遮遮掩掩的態度，讓蘇珊不得不轉換爲套話模式，繼續探索跟性變態有關的議題。凱文終於承認，在飲酒作樂的場合中，自己會從事不恰當的性行爲。爲了凱文的男子氣概，蘇珊改變說話的語氣，好鼓勵他多說一點。

蘇珊聰穎過人，訊問技巧非常厲害，演技也毫不遜色。不過，一定要抓到完美無瑕的時機點，建立絕對的可信度，才能演出成功。「你做過什麼樣的事呢？」蘇珊問道：「我的意思是，你喝醉時，妻子有發現你做過什麼糟糕的事情嗎？」凱文停頓了一下。「嗯……要跟妳分享這種事，我覺得很不自在，」他說道：「談論這些事，我感到很難爲情。」「噢，得了吧，凱文，」蘇珊開始敲邊鼓：「你要說的事情，我一定都聽過了。」凱文最後讓步了。但蘇珊錯了，她眞的以爲自己都聽過，結果並沒有。

「好吧，」凱文囁嚅地說道：「事實上，我的妻子並不知道這件事。如果她曉得的話，肯定會宰了我。我常去一間酒吧，有時我會跳上吧台，脫掉褲子，讓我的老二投影在牆上，接著做出滑稽的姿勢。」

遺憾地是，這段告白沒有「寶貴的情報」。但蘇珊並未退縮，她假裝若無其事，但心裡想著，如果再有其他人告訴我，他也會在酒吧裡脫掉褲子，甩著老二做出滑稽的姿勢，我就會懷疑他們有問題。不久後訪談結束，兩人沒有互相對立，亦無造成任何傷害。

蘇珊收拾東西準備離開時，凱文問道：「那麼下一步呢？」「七到十天內，你應該會收到消息。」蘇珊說道。她已獲得足夠的資訊，可以判定凱文是否適合擔任敏感職務，而凱文也帶著完好無損的尊嚴離開。

既然珍選擇了招認之路，你接下來的任務是問得更仔細一點。你應該會忍不住想探究她偷藥的原因，但最好克制一下，晚點再問也無妨。珍目前正處於短期思維模式中，你必須善加利用，並採取橫向策略，以確定是否還有比藥物失竊更嚴重的問題。

「珍，謝謝妳，我知道這很不容易。但請相信我，這不是世界末日。我想問知道，妳還有其他的困擾嗎？」

珍陷入了窘境，她感到很沮喪，但爲了回答你的問題，她鼓起勇氣承認，自己曾把一些維可汀止痛錠偷塞進口袋。由此可知，珍還有其他訊息不希望與你分享，她企圖隱瞞其他的事情。既然珍承認自己有偷拿維可汀，這時你可以想像她靠近懸崖邊。

她也許一直在想：「好吧，我說了可待因酮和維可汀的事，但不能告訴他別的蠢事，如果全盤托出，我一定保不住飯碗。」珍覺得自己站在懸崖邊，再多走一步就完蛋了。

你的任務是探究懸崖邊的下面有什麼。因此，珍說了維可汀的事情後，你表示可以理解，並鼓勵她繼續說下去，彷彿面談才開始不久。蒐集資訊的過程中，最重要的一句話是「還有什麼」。每次對方坦白後，就想像他走到懸崖邊，然後仔細推敲下面有什麼危險。所以珍又開始隱瞞的話，你就回到獨白狀態。如果她承認別的事情，則給予獎勵，然後繼續探究下去，直到她態度坦然，也未顯露出有所隱瞞的跡象。

記住，每一次對方坦承有某個狀況後，就先停止深究這個議題。最明智的作法是鎖定含金量高的訊息，而不是建立大而無當的資料庫，也不需要對方滔滔不絕地跟你懺悔。等到你湊足夠多的線索後，就可以開始深入挖掘。

此時千萬不要回到一開頭，而是從最新取得的眞相著手，因爲這可能是他最嚴重的問題，他最努力想要隱匿的狀況。當你在蒐集這些有價值的消息時，一定要保持專注。專注地觀察對方，表現出誠懇的態度，他才會對你坦承布公。爲了確保自己不會錯過眼前任何有價值的消息，一定要保持專注。

蘇珊曾對一名求職者「馬文」做篩選面試。過程中，他提到六年前從高中畢業。這樣的訊息通常不是特別重要，如果面試官沒有專心，它就會被淹沒在其他重要的資訊中。接著蘇珊提到毒品，馬文坦承五年前曾吸食過古柯鹼。蘇珊並未深究，彷彿她沒聽到這件事。她繼續問下去，以確定馬文是否使用其他毒品。蘇珊確認沒有馬文背後沒有其他的懸崖後，就回到吸食古柯鹼的問題上。

蘇珊問到吸食的場合，馬文表示，他和高中曲棍球隊的哥兒們畢業五年後在同學會上使用古柯鹼。蘇珊指出，馬文說的吸毒時間兜不攏，這時他才意識到自己犯了愚蠢的錯誤。

「好的，馬文，請幫助我理解這一點。」蘇珊說道，語氣中沒有絲毫抱怨。「你先前說，五年前你最後一次吸食古柯鹼，又說你六年前從高中畢業。接著你又說畢業五年後在同學會上用藥，能否再澄清一下事情發生的先後順序？」

馬文知道無路可逃，他馬上道歉並承認最後一次吸食古柯鹼並非五年前。結果，他最後一次使用毒品大約在兩個月前。假如蘇珊沒有保持足夠的專注力，就無法注意到微不足道的訊息（六年前從高中畢業），那麼馬文就會逃過一劫了。

說到懸崖，對女性讀者而言，自己去車行挑選汽車時，一定會覺得自己被逼到死路。不老實的業務員只想占人便宜，竭盡所能地隱瞞資訊，令人難以容忍。想要反敗爲勝、扭轉局面，就要善用我們的套話技巧。

不久前，蘇珊想買車，就到某家經銷商洽詢，卻覺得一頭霧水。蘇珊在廣告上看到某型號的汽車有特價，非常划算，令人心動。蘇珊到車行後，業務員帶她到停車場挑選，但車身都有刮痕，因爲最近下了一場雹暴。蘇珊心想，眞奇怪，廣告上並未提到冰雹一事，所以她詢問業務員，特價的車款就是這一些嗎？

「哦，不止，」業務員答道：「還有其他優惠車款，你想要看嗎？」

「不用了。」蘇珊說道，接著離開。

接著蘇珊去另一家車行，這裡的業務員擅長讓客戶有愧疚感，而且這一招顯然對女性特別有效。試車後，某位業務員建議蘇珊把新車開回家、試個幾天看看。蘇珊婉拒了，但業務員態度很堅決。「開回去吧，」他說道：「一旦妳用心體驗過，就不會想要開回來了。」

蘇珊最後同意了，並把自己的車留在車行，開新車回家。隔天，蘇珊歸還新車時，那位業務員欣喜迎接。

「我找人幫妳把舊車上的東西搬到新車上。」他講得很自然。蘇珊說等等，她不考慮買這台車。這時，業務員興高采烈的表情頓時消失，眉頭深鎖，彷彿蘇珊占了他的便宜。蘇珊告訴他，裝可憐沒效。她簡單講了幾句話，就把罪惡感還給對方。

後來又去幾家車行，但同樣都不順利又不愉快，蘇珊決定先做好充分準備，這樣才能應對業者的把戲。她認眞研究，決定自己想要的品牌和車款，接著上網搜尋評價好的車行。她列出自己需要額外添加的配備和服務，不接受強迫推銷。最後，她還設法了解汽車業務員的佣金制度。

蘇珊抵達下一家車行後，業務員「史帝夫」立即迎面而來。蘇珊開門見山說，她看中某輛車，若以舊車換新車，可抵換多少。史帝夫檢查了蘇珊的車子，並在電腦上摸索了一陣子，然後說：「一萬美元。」

這是兩人的第一次交手。一萬美元是否爲折抵舊車的最高價格，蘇珊必須驗證一下，所以她假裝沒聽到史帝夫的回答。

「一般來說，里程少、性能良好的舊車能折抵多少錢？」蘇珊問道。史帝夫猶豫了一下。

「只要是舊車換新車，本公司都會拿出很漂亮的價格，我們的驚人好口碑就是這麼來的，」他說道：「沒有車行能給妳更好的條件了。」

史帝夫的滔滔雄辯更加證明，舊車可以折抵的金額應該更高。時候到了，蘇珊該來發表簡單的獨白，來說服史帝夫提高價碼。

「史帝夫，我真的不想浪費你的時間，也不希望冒犯你，」她劈頭說道：「但我有既定的預算，所以只能在有限的範圍內談價格。聽說你們會提供非常優惠的價碼，所以我才來這裡。我朋友說，你很樂意與人合作。所以我只想讓你了解，只要舊車折換新車的優惠能談，就能解決我的煩惱。」

史帝夫看得出來，這場仗不好打。蘇珊最後獲得勝利，舊車可折抵一萬兩千五百美元。接下來就要砍新車的價格了。兩人又交手了好幾次，結束時，蘇珊得到很理想的折扣，比她先前研究時所設定的交易都划算。史帝夫想要扳回一城，所以極力推薦蘇珊購買一套道路救援方案，包含各種售後服務及維修。

「身爲女性，妳最擔心的事情，就是車子缺少保養，結果在危險的地區抛錨，」史帝夫說道：「跟妳掛保證，每次車子保養後，都會跟新車一樣可靠。我賣給妳車子，也要確保妳的安全，這樣我才會安心。這套方案是每年續約，一年後妳不需要的話可以馬上取消。」

像「身爲女性」這種侮辱的話，蘇珊當作沒聽見，並稍微反擊了一下。「若我購買這個方案，你能得到佣金對吧？」蘇珊問道。史帝夫嚇了一跳。

「嗯，沒錯。」他說道。

「如果我一年後取消，你仍然可以獲得佣金？」

史帝夫停頓一下，大概在提醒自己，別老是小看走進門的金髮女子。「是的。」他說道。那段「我會安心」的說詞，讓他看起來更惹人厭。蘇珊婉拒了那套方案，用優惠的價錢買了一台好車。

CIA密技

訊問推進到某個「懸崖」邊時，記住：

- 持續問對方還有什麼煩惱。
- 對方坦白後，暫時不要追問細節和前因後果。
- 想要深入探索的話，就從最後得到的訊息著手，那應該是對方最想隱匿的事。

9 說一點說小謊，讓對方更自在地吐露實情

擔任世足盃口譯員的李奧坦承已被佛蘭情報局吸收。菲爾告訴李奧，他一直渴望造訪佛蘭，認識佛蘭人，這句話是假的，但卻能展現眞誠及同理心。這兩點是讓對方坦白的關鍵要素。

不過，請謹記，想讓對方說出眞心話，杜撰的對白一定要謹愼使用。它只是用來傳達眞誠和同理心，目的是爲了讓對方感覺自在，更願意分享心事。但你絕對不可以越界。比如說，嚇唬對方不但沒用，反作用力還會很明顯。若你恐嚇嫌疑人，有目擊者目睹他犯下罪行，但只要嫌疑人反問「目擊者是誰」，你的計謀就會失敗。不管你是猶豫不決或拒絕回應，對方都會覺得你是存心刁難，於是對你產生敵意，那你的任務就更難達成。

要了解，嚇唬和誘導完全不同。發問時丟出誘餌，提出假設性的說法，旨在投放心靈病毒，我們在第六章會討論過，這招可靠又有效。這類問題通常包含「爲何」這句話，譬如「你同事告訴我們，那天在電腦賣場看到你，請問你爲何在那裡」。這是非常合理的問題，誠實的人都能順利回答，說謊者反而要思索如何回應，一遲疑就會顯露出內心眞正的想法。

另外，絕對不能扭曲相關事實。比方說，在情況未明時，我們可以安慰對方，告訴他事情不嚴重，但絕不能誤導他，讓他以爲自己一定沒有違法。你也不可以做出無法兌現的承諾。有些人會向對方保證，吐實後會有特定結果，這是不允許的。清楚以上原則後，接下來將分享麥克入行之初的經驗，看他如何把虛構內容融入獨白。

一九七五年，麥克剛從美國陸軍光榮退伍，之前他派駐於韓國，擔任憲兵隊排長和小分隊長。之後麥克在芝加哥攻讀碩士學位，鑽研測謊的原理與技術。相關課程很緊湊，學生的壓力格外龐大。在經驗豐富的教官監督下，麥克和同學實地演練面談及審問的過程。等到隔天，教官會毫不留情地批評，前一天的演練根本就是「表演」。

在難熬的求學日子中，有人向麥克談到某案件，讓他在回歸平民生活後小試身手，實地演練一番。一名年輕女子「唐娜」在芝加哥某家藥局任職，過去一年來涉嫌挪用公款，累積金額約三萬美元。調查顯示，唐娜的母親罹患癌症，而且家人未投保醫療險，所以治療費用爆增，全家人債台高築。這正是麥克需要的資訊，當然，他不樂見知道別人有嚴重的財務問題，但他馬上理解到唐娜偷錢的動機。如果有人能證明違法的行爲背後有合理動機，那唐娜爲了救母親一命而偷錢，也就可以原諒了。

麥克希望給教官留下深刻的印象。一天前，唐娜剛接受藥局的保安人員訊問，但沒有透露任何訊息。因此麥克決定在轉換爲套話模式前，採取一點非正統的作法。

麥克：「唐娜，我知道這聽起來很瘋狂，但我真希望跟妳交換身分。」

唐娜：「為何這麼說？我剛被指控偷了三萬美元耶！」

麥克：「這很合理，但容我解釋一下。接下來要妳分享的事情，我只和少數幾個人說過。事實上，連我的同事都不知道那些事。」

麥可刻意地停頓了幾分鐘，接著壓低聲音，開始發表獨白。

麥克：「我母親生下我時死於難產。」

這次他更明顯地中斷談話，還突然熱淚盈眶。

麥可接著說：「你可以想像，每年的生日對我來說並不好過。每天我都提醒自己，為了帶我來到這個世界，她犧牲了自己的生命。她賜予我生命，這是我人生最珍貴的禮物。我多麼希望她還活著。我從來沒有感受過她的愛與碰觸。我也想看到她以兒子為榮，誠摯地凝視著我。我也想聽到她的聲音，看到她的笑容。我對母親的了解只有零星片段，而且都是父親告訴我的，但他不喜歡談論此事。這些年來，他彷彿把母親過世歸咎到我身上，我承受得住，但我唯一無法接受的是，再也沒有機會告訴媽媽：『我愛你。』」

麥克強裝鎮定，並繼續說道。

麥克：「當然，我是前來告訴妳，拿走不屬於自己的錢是不對的。但其他人不能理解原因，只有我懂。」

唐娜：「但是我沒……」

麥可猜到唐娜打算要否認，於是舉起手來。

麥克：「唐娜，請等一下。我知道妳母親生病了，我很遺憾。妳我之間的差異在於，妳有二十四年的時間能愛她，感受她的愛。現在妳可能會失去她。比起我的經歷，這一定更令人難以承受，可是妳有美好回憶，我沒有。」

此刻唐娜開始哭泣，於麥克知道，自己說的話已引起她的共鳴。

麥克：「唐娜，我想說的是，妳有機會幫助母親，而我永遠都沒有。所以我才想跟妳交換身分。我也了解，妳們背負了六萬五千美元的醫療債務。在龐大的經濟壓力下，妳努力與死神搏鬥，要讓母親繼續活下去。對你們兩人而言，這是場可怕的夢魘。我明白你們的關係很親密，而如今你們只能相依為命。妳肯定感到孤獨又無助。唐娜，我認為命運安排妳我今早碰面。有些事只有我們可以互相分享。沒有人能理解妳所經歷的一切，只有我。但我無法獨自解決問題，所以需要妳的配合與協助。唯有把這一切拋在腦後，妳才能往前邁進，繼續過生活。妳才二十四歲，未來前途一片光明。妳一定可以度過這次難關，我知道妳能辦到。」

唐娜哭了起來：「我不知道，我真的不知道，那實在是太難熬了。」

麥克：「相信我，唐娜，我知道這很難面對。妳是好人，只是不小心犯錯而已。妳必須放自己一馬。長期以來，妳一直背負著沉重的負擔。大家也都明白，沒有人是完美的，包括我和妳的母親。妳必須了解這一點。我認為妳對自己實在太嚴厲了。我確信妳母親會以妳為榮，這一切都結束後，她仍會感到自豪。好人偶爾會做壞事。唐娜，假如妳的母親在這裡，她應該會希望妳說出真相吧？」

唐娜：「我認為她會。」

麥克：「那就對了。妳會這麼說，我一點也不訝異。妳母親的想法是對的，而妳也支持她。妳有個好母親，她養育你長大，就是希望妳行事光明磊落。說實話就是妳現在的責任。唐娜，妳是個好人，別讓任何人看輕妳。」

麥克覺得時機成熟了，該提出假設性問題，以評估目前的進展了。

麥克：「唐娜，告訴我，那些錢妳有花休閒上頭，像是衣服和首飾，還是都用來幫助妳的母親？」

唐娜還在啜泣，不發一語，應該在盤算是否要坦白吐實。

麥克：「別哭了，唐娜，請和我一起努力。妳必須說出全部事實，這一切才會結束。我知道這很困難，但正如剛剛說的，人都會犯錯，但好人會承認錯誤。一個人的本性就取決於此。我們都理解為何會發生此事，妳只是想幫助媽媽，對吧？」

唐娜點頭稱是。

麥克：「沒關係，唐娜，我們會一起度過這個難關。」

唐娜：「我真的很抱歉。喔，天啊！請幫助我……」

麥克：「我明白，妳真的感到愧疚，而且在乎此事。妳鼓起勇氣坦承錯誤，我真的以妳為榮。要做到這點並不容易，我們會一起度過這個難關。」

該是開始蒐集情報了。

麥克：「唐娜，我們談一下這一切從何時開始，妳一次拿過的最大筆金額是多少？」

唐娜向麥克吐露挪用公款的全部細節。當她述說時，並不知道麥克的母親在千里之外的內布拉斯加州一所學校教書，學生從幼稚園到國中三年級都有。那次審訊後，麥克的母親又多活了二十九年。

當時麥克也不知道，五年後他會成爲精明能幹的教官，在學生演練面談及訊問的隔天一早，質問與評論他們的表現。其中一名學生就是被派往芝加哥接受訓練的年輕中情局幹員菲爾。菲爾到現在還很喜歡提醒麥克，當年他們這些教官是多麼「狂妄自大、不可一世」，學生們又遭遇哪些「苛刻的磨練」。

CIA密技

誘導式提問：投放心靈病毒，問題中會包含「爲何」。當事人有所隱瞞的話，就會遲疑一下，思索該怎麼回應，這時就不難看出他內心的想法。

10 好人也會做蠢事：不妄加評斷對方，避免造成傷害

幾年前，菲爾和麥克前往某個高級的建築公司，它專門爲高端客戶設計住宅與辦公室。該公司的安全主管「珊蒂」請他們來訊問某員工，因爲此人涉嫌竊取工地裡的高價石材。此人不是隨機拿幾塊而已，公司的損失很可觀，幕後似乎有共謀的竊盜集團。

涉案員工「傑克」堅決否認他與建材遭竊有關。菲爾和麥克與他碰面後不到六小時，傑克就馬上坦承，他受雇兩年以來，偷了價值數千美元的建材，還供出其他幾十名同事也涉案。當菲爾和麥克彙報結果時，珊蒂陷入掙扎，一方面很欣慰得知眞相，另一方面又感到沮喪，因爲幾乎所有工人都得捲鋪蓋走路。珊蒂的當務之急是解除傑克的職務。那天是星期五傍晚，珊蒂清楚必須等到星期一才能完成資遣傑

克的所有程序。但此時她必須先拿走傑克的鑰匙、員工證及公司所屬設備，並立即戒送他離開公司。

「你們倆介意處理這件事嗎？」珊蒂問道。

傑克的外表令人生畏，他身高約一九〇公分，體重約一百一十公斤，並擁有美式橄欖球中後衛的身材。菲爾和麥克想像得出來，傑克應該有辦法把重達九十公斤的大理石板夾在腋下。兩人轉身、互看對方。

「我才不要跟他說。」菲爾說道：「你去！」

「好呀……才怪，」麥克嗤之以鼻：「沒這回事，你跟他說。」

「這下可好了。」珊蒂嘆了口氣。

菲爾笑說：「剛只是跟妳開玩笑，我們會處理好這件事。」

兩人回到剛才盤問傑克的房間，和他一起坐在小會議桌旁。菲爾率先開口說話：「傑克，首先，我們很感謝你協助處理這種情況。你做了正確的事，這並不容易，令人難以相信，你做出對的判斷。」

接著植入心靈病毒。傑克想知道做了正確的事之後，是否能逃過一劫。

「我們不知道結果將會如何，因爲不該由我們來決定接下來的程序。我們的任務只是搞清楚事實，以及回報進度。你一直都很配合調查，我們由衷感激。不過，如你所預期，處理這件事需要一些時間。因此，根據公司的要求，我們要請你回家休息幾天，其他就沒你的事了。可惜的是，依照規定，你必須留下鑰匙、員工證以及其他公司財產。今天一定很難熬，所以你就利用這個週末好好放鬆一下。公司會在下週一與你聯繫，解決所有事情。眞的很抱歉，在這兩天你必須留下這些用品。」

「沒關係，我可以理解，」傑克說道：「東西交給你。」他很不高興，但還是照做。

他們陪傑克走到大門上鎖的員工停車場。傑克上車後，菲爾與麥克走到大門邊。傑克現在沒有員工證，他們必須輸入密碼才能打開大門。傑克接近大門時，他放慢車速，並搖下車窗。這不太妙，菲爾和麥克的腦海裡突然同時浮現這個念頭：他有槍。

車子停了下來，傑克抬頭看著他們，手裡沒有槍。

「我只是想說，能認識你們眞的很榮幸，」他說道：「我眞的很希望是在其他場合認識你們。但我很開心、也感到安慰，由衷感激你們的幫忙。」他把手伸出窗外，與菲爾、麥克握手，接著趨車離開。傑克在週一遭到解雇，公司再也沒有聽到他的消息。

這個案例的重點在於「絕不可造成傷害」，這也是醫生看診的首要準則。傑克被炒魷魚，但他和雇主依舊保持平等的關係。許多離職員工心懷怨恨，帶著攻擊性武器和幾百發子彈返回到公司。因此，一定要設法讓被解雇的人口服心服。菲爾和麥克讓傑克全盤托出他極力想隱瞞的事，讓他交出肯定不想失去的東西。兩人精確地使用相同的方法影響了傑克。

這個方法能奏效，是因爲傑克有被好好對待。沒有責備，也沒有肢體衝突，所以雙方沒有陷入敵對的局面。你告訴對方做錯事了，也知道他情緒會相當低落。但傑克認爲自己受到公平的對待，跟其他犯錯的人相比，他獲得非常好的待遇，他自己也很意外。

若不想造成任何傷害，那第一要把持的原則是：切忌妄加評斷任何人。套話時不可評斷對方，那不會有任何好處，還可能毀了整個流程。評斷他人時，我們勢必會顯露出偏見，並且會減弱你獲得眞相的能力。當然，我們都是人，免不了會批評那些混蛋。要克制此衝動，最好的辦法就是不時提醒自己：好人也會做蠢事。

這些年來，我們都把它謹記在心，因此度過無數次難關。中情局的新進人員訓練中心被戲稱爲「農場」，菲爾曾經在那擔任安全主管。這個眞理再度替他化解危機，在菲爾職業生涯中，這次任務最爲關鍵。「農場」負責訓練人員去參與中情局最敏感的行動，因此相關人員的審查非常重要。能進到「農場」的人，身家背景絕對要乾乾淨淨。

某天下午，一名女員工向菲爾報告一件壞事：她去吃午餐時，把錢包放在某個安全的地方，回來後卻發現裡面的四十美元不翼而飛。當時能接近該區的員工只有「羅納德」，所以得請他來好好解釋清楚。無論在哪家公司，偷錢都是嚴重的事情，而且這次事發地點很敏感，有留存局內高度機密的情報。如果羅納德眞的有偷錢，難保不會取走其他物品。

菲爾把羅納德叫進辦公室，說有員工舉報他偷竊。羅納德的反應有點奇怪，他沒有直接回答問題，反而請菲爾一起到停車場，說要讓菲爾看某樣東西。菲爾馬上拒絕，羅納德只好解釋說，其實他的後車廂裡裝滿《聖經》，有空他就會幫教會發送給其他人。羅納德試著告訴菲爾，他是個好人，絕不會偷同事的錢。

羅納德沒想到，這種善行動搖不了菲爾的態度。爲了查明眞相，不管嫌疑人做了哪種令人欽佩的善事，菲爾都必須排除自己的喜好，以免產生偏袒的態度。如今這位令人信賴的員工出問題，菲爾也必須克制怒氣，以免將他羅織入罪。只要一不小心，菲爾就會任意評斷羅納德的行爲，引發敵對和衝突的場面，那麼羅納德就更不願承認過錯。

菲爾開始獨白，並避免評斷對方。

「羅納德，我們先弄清楚情況，以確保兩人看法一致。今天只是少了四十美元，而不是有人精心策劃的銀行搶案。我向你保證，最近這裡的問題都與偷錢的人有關。他也許是出於一時衝動，但關鍵在於他究竟有什麼苦衷。也許是因爲他承受了某種壓力，但身邊的人都不知道。」

羅納德沒有反駁，只回答說：「我不大了解你的意思。」菲爾以他平靜而帶有同理心的聲音繼續說。

「羅納德，聽著，生活中有許多事會讓我們驚恐不安，錢是其中一樣。我們必須從這角度來開始討論。如果有天電話響起，醫院通知你的孩子發生車禍，你一定會很恐慌。你沒有時間考慮了。必須放下手邊工作，馬上趕到孩子身邊。在那一刻，全世界你只關心那件事。錢也是一樣的問題。我們難免會做一些令自己後悔莫及的事，而當時只是一時衝動，沒有考慮淸楚後果。羅納德，重要的是，你是否覺得很抱歉，是否願意歸還那筆錢？如果我們的討論聚焦在這兩件事，一定有助於解決問題。從我的角度來看，你現在的況狀很糟。」

羅納德深吸了一口氣，接著吐氣。「是啊。」他說道。

「你感到抱歉嗎？」菲爾輕輕地問道。

「對，我很抱歉。」羅納德說道。他掏出錢包，拿出兩張二十美元的鈔票，交給菲爾。整個過程不到十分鐘。菲爾的情緒沒有什起伏，這樣他才能直指重點，否則羅納德情緒一上來，整個會談就會演變成激烈的對峙。

羅納德只是做了蠢事的好人，最終還是保住飯碗。他遭到申誡，並在檔案中留下紀錄，但職業生涯並未被毀掉。菲爾不露聲色也不帶評斷，羅納德才能鼓起勇氣承認錯誤，並表現出悔意，因此得到了重生的機會。

爲了避免造成傷害，我們得先了解，審訊過程有哪些心理互動，才有助於追求眞相。正如舞台上有兩名演員，他們扮演對立的角色。主角做了壞事，他的是要說服配角（卽審訊人員）自己沒做壞事。主角一直撒謊和否認實情，他擔心自己的不法行爲會帶來嚴重後果。他把配角視爲敵人。他深信，後者是故意來整他，令他難堪及丟臉，要害他失去工作和家人，接著送他去吃牢飯。總之，審訊人員會毀了他的人生。

在傳統觀點下，審訊就如同這齣舞台劇一樣，過程充滿衝突與對抗。但是對立只會造成反效果，雙方都得不到想要的結果。

對審訊人員來說，較好的作法是抽離自己，避免與決策或關鍵的當事人走得太近。他必須把自己視爲仲裁者或談判專家，也就是中間人，介於訊問對象與高層人士之間，後者可能是司法官員、董事會成員、高階管理人、工會幹部、教師或家長。換句話說，在這個舞台上，配角得塑造出一種形象，他是前來陪伴做錯事的主角，協助並指引對方找出解決問題的方法。因此，他應該被視爲知心好友，讓人能夠依靠，一起去實現公平合理的結果。主角一開始展現出來的敵意也會慢慢消失。

麥克曾奉派到一間小派出所，協助警方處理一樁罪大惡極的虐童案。他有效地調解審訊時的衝突，並有效獲取眞相。這個案例很有啟發性。一名年輕人「湯米」報案說，其同居女友八個月的大女兒「貝琳達」有明顯的頭部外傷，包括瘀青和大面積腫脹。救護人員趕到時，發現貝琳達臉部蒼白又沒表情，而且呼吸困難、脈搏微弱。

麥克訊問貝琳達的母親。她說，寶寶受傷時，自己人在社會局。麥克斷定她說的是眞話，因此調查對象轉向湯米，後者宣稱自己完全不知情。在盤問過程中，麥克觀察到對方有所欺瞞，於是轉爲套話模式。令他驚訝的是，此時與他一起辦案的警探突然走進偵訊室。該名警探認定麥克的工作毫無進展，所以要放走湯米，讓他回去「好好想想」。

麥克愣住了。他設法讓湯米處於短期思維模式中，並發現對方將說出實情。一旦湯米離開警局，重新考慮所有情況，就會脫離短期思維，警方就再也找不到獲取眞相的機會。警探把名片遞給湯米，叫他好好想想，下週一致電到警局。湯米走到門口準備離開，麥克知道，他必須做點什麼，而且動作要快。那名女嬰收到冤屈，他不能任由煮熟的鴨子從指間溜走。

「湯米，爲何你不趁現在告訴我們實情？」麥克問道，試圖維持冷靜的態度。

「我很害怕，」湯米答道：「麥克，我眞的很害怕。」

在審訊的世界中，這無異是間接承認自己有罪，也正是麥克需要聽到的話。

「湯米，我了解，」麥克說道：「但你眞的必須認眞考慮一下，假如你現在離開，這件事就永遠與我無關。我來這裡，是爲了和你一起合作。你把事情解釋清楚，今天就完整交代實情，你現在開始講。你沒好好面對自己，最重要的是，你欠貝琳達一個解釋。」

湯米坐了下來，與麥克和警探談了幾分鐘後，他淚流滿面，轉向麥克。「你很聰明，」湯米說道：「如果是你，接下來你會怎麼做？」就像父親看著兒子前來求助，麥可望著湯米說：「我會說實話，這就是我的答案。」湯米低下頭，緩緩點了兩下，接著吐露實情。湯米把麥克視爲盟友，要幫助他解決問題、趕走夢魘。湯米被說服後，吐露了實情：他在家狂吸安非他命，但女嬰的哭聲讓他無法入睡，於是對女嬰施暴。

在漫長的職業生涯中，麥克遇過許多悲慘又可怕的嫌疑人，包括殺人犯、強暴犯或虐童者，他與湯米這種人打過很多次交道。事實上，麥克眞的關心湯米，所說的話都出自於眞心。他了解湯米的感受，湯米也知道，所以他在做出人生最重大的決定時，轉而尋求麥克的意見。

湯米被戴上手銬，警方要從偵訊室押送他出去，這時他轉向麥克。

「我敢打賭，你痛恨我這種人，對不對？」湯米說道，顯然他內心非常痛苦。

「湯米，我厭惡你的所作所爲，」麥可沒必要假裝同情，畢竟對方輕易就能看穿：「但我不恨你。」

CIA密技

審訊時絕不可傷害對方，重點有三：

- 切忌妄加評斷對方。
- 抽離主觀立場，把自己視爲介於訊問對象與高層人士的中間人。
- 首要任務是協助並指引對方找到解決問題的方法。

11 一開始就用恐嚇的字眼，嫌疑人就會更想逃避問題

有天，十六歲的「茱蒂」與地方警察局一位女警閒聊時，無意間談到某事。茱蒂是該局青少年輔導計畫的學員，她提到自己曾和一名員警「雷夫」發生性關係。茱蒂當時並不知道，雷夫正與此名女警交往中。

如你所預料，這名女警大發雷霆，並向警察局長告發此事。二十四歲的雷夫英俊瀟灑，在局裡深受衆人喜愛。雖然他極力否認，但茱蒂說，兩人在雷夫的車裡面撫摸彼此的性器官。經內部調查後，包括警長、副隊長、警佐，以及地區檢察官辦公室的調查人員，都相信雷夫說的是實話，一切都是茱蒂揑造的。甚至有人無意中聽到茱蒂的父親對她大叫：「我眞希望妳他媽的別再對這些人撒謊了，告訴他們眞相吧！」

茱蒂對雷夫生殖器官的具體描述不太正確，事發地點的說詞也有矛盾之處。但調查人員判定茱蒂說謊，原因在於描述事發經過時她「一點都不激動」。調查人員確信，十六歲的茱蒂若有說實話，就會比較情緒化，正如性侵受害者受了心理創傷一樣。因此，她的沉著冷靜反而被對自己不利。但茱蒂堅持自己的說法，不被動搖。

此時，麥克來到現場。他受託前來訊問茱蒂，並確認她是否撒謊。

這是漫長的一天，開車到警局所在的小鎮要四小時。麥克預定一大早要盤問茱蒂。訊問開始時，麥克很快就意識到，茱蒂在描述時如此鎮靜，有非常合理的解釋：她心甘情願與雷夫發生性關係，所以沒有受到什麼創傷。

麥克仔細觀察茱蒂回應的言語、表情和動作，最後做出明確的結論：茱蒂說的是眞話。麥克得和雷夫聊一聊。

跟茱蒂談完後，麥克與警長在他的辦公室會面，還有幾名調查人員隨行。麥克提出他的專業見解，認爲茱蒂說的是實話，但大家都愣住了。雷夫目前在家中放有薪假，靜待司法調查。但警長毫不遲疑，馬上打電話給他，命令他即刻向警局報到，接受麥克的訊問。

我們在第六章提到，訊問人員必須盡可能了解被訊問者的背景，萬一要從晤談模式轉換爲套話模式時，相關資訊才能融入獨白中。麥克得知，雷夫從海軍陸戰隊光榮退伍、離過婚、在警界贏得「萬人迷」的稱號。

愈了解對方不幸的生活情況，愈能做好準備，研擬出有效的會談策略。這些情形包括財務困難、酒精或藥物依賴、情感問題、在單親家庭或貧民窟中長大、遭到虐待、受到種族或性別歧視、就業問題或純粹是運氣不佳等。在建構獨白內容並加入合理化解釋時，這些都是可利用的豐富素材。

此外，訊問人員應善加利用眼前機會，埋下伏筆，之後進入套話模式時就可派上用場。麥克與雷夫晤談時得知，調查人員對他說了極難聽的話，指責他那些不當行爲。機會出現了。對談如下：

麥克：「你何時知道這些指控？」

雷夫：「我正準備要上班，他們叫我來見警長。通常只有兩個原因，要嘛表現良好，要嘛做得太差。因此我就進去辦公室。他們叫我坐下，警長說，有人指控我猥褻茱蒂。當下我不知道該做何感想。」

麥克：「警長是用『猥褻』這個字嗎？」

雷夫：「對。」

麥克：「嗯，這個用字有點強烈。」

雷夫：「是呀。」

麥克：「警長那樣說，當時你感覺如何？」

雷夫：「我的人生就此停止。那些話是很嚴重的指控，我無法思考，也不知道該說些什麼。」

麥克心想，嘿，雷夫，你怎麼沒有反駁：「我根本沒做！」

麥克：「你當場有說什麼嗎？」

雷夫：「什麼也沒說。他們陪我走出來，接著去跟司法部的調查人員談話。」

從以上的簡短交談中，麥克知道，他必須突破雷夫的心理障礙。他得換另一種說法，而不是指控他「猥褻」茱蒂。麥克必須使用較中性、心理上更能接受的用詞，像是「不恰當的碰觸」。

想深入了解嫌疑人潛在的心理障礙，另一個方法是直接問。假設性問題特別有效。

麥克：「茱蒂說的那件事，假如是真的，你認為嫌疑人會害怕嗎？對方不想說實話的最大理由為何？他們最擔心的事情是什麼？」

雷夫：「那個嫌疑人是我嗎？」

麥克：「你或者是任何人。」

雷夫：「既然他們是成年人，而她未成年。我猜嫌疑人會擔心自己得坐牢。」

答對了！這個新訊息珍貴無比。現在麥克知道，雷夫從「否認」走向「承認」，必須克服的心理障礙是，萬一招供的話，就可能要入獄了。麥克已獲得足夠的資訊，確信雷夫撒謊，所以該轉換爲套話模式了。麥克採取DOG的轉折用語，他先解釋自己如何知道雷夫沒有說實話。

麥克：「基本上，我們只能根據對方外貌、行為舉止及說話方式，來判斷他是否說真話。人們說實話時會有一些動作和口氣，反之亦然。坦白地說，雷夫，根據你在晤談中所展現的言語和姿態，在加上相關佐證，你和茱蒂之間肯定有性行為。」

雷夫沉默不語。

請注意，在面談過程中，你得保持堅定的態度，仔細觀察並聆聽，才能察覺對方的言語和舉止有什麼問題。此種評估模式優點很多，既可確定事實，又能研判對方是否有說謊，進而追蹤和評估進度。雷夫沒有否認，麥克更加確定他的初步評估是對的：雷夫隱瞞事實。麥克的方向是正確的。

既然雷夫還沒做出任何抵抗，麥克決定給他一絲希望，悄然切入獨白橋段。

麥克：「好消息是，從你的言詞及舉止，我可以確定，你並非典型的犯罪者。還差得遠呢！我可以篤定地說，你不會對任何人構成威脅。回到這件事的起源，我的直覺是，他們會發現，這全都是茱蒂的主意，你絕對沒有主動促成此事，也沒有強求什麼，但事情就是一發不可收拾。

「我們都會做出錯誤的判斷。而且你身為執法人員，沒有人願意毀掉你的職業生涯。從剛才的談話中，看得你是一名優秀的警官。我也不想毀掉你的人生。我想說的是，他們早該明白這一切。你沒有錯，他們卻沒發現自己在恐嚇你，迫使你難以開口說實話。如果他們沒有扣上『猥褻』的帽子，你一定會說出真相。他們換個處理方式，你應該就能自然地說出：『是啊，那太愚蠢了，我不應該那樣做。』」

「不過話說回來，面對那些唬人的專門術語，我也會被嚇跑。況且你在這裡是菜鳥，缺乏經驗，根本不知道相關的行政流程會如何進行。你擔心別人會怎麼看你。其實大家對你的評價都非常高，不會因為這種愚蠢的小事而改變。你沒有強迫茱蒂、也沒有灌醉她或對她下藥，那才是嚴重的情況。茱蒂又不是小學生，她快十八歲了，身心跟成年人差不多。況且，二十四歲也還很小，你沒有大她多少歲。」

雷夫點頭表示同意。

麥克：「我五十一歲了，如果我和茱蒂在一起，看起來很奇怪，年齡太不相稱了。我心算沒那麼好，但至少知道五十一歲跟十六歲相差很多。那太尷尬了。警長和茱蒂在一起也不行，更令人覺得不舒服。我已婚，我不知道警長是否也一樣，但你是單身。在職場，類似曖昧的事大家早已司空見慣。

「我並非說你很想和茱蒂上床，我知道你沒有。我也不認為是你主動去勾搭茱蒂，然後追求她。情況根本不是如此。我的直覺是，她被你的魅力所吸引，所以主動跟你說：『嘿，雷夫，可以順道載我回家嗎？』你認為這無傷大雅，況且你是個好人，沒想太多。何不幫個忙呢？然後事情一發不可收拾，兩人便發生性關係了。你覺得這沒什麼大不了，只不過是一夜情，後續也沒什麼發展。就你所知，這一切都已結束，誰也不欠誰。

「幾個月後，他們找上門來。你應該早就沒印象了，突然之間又有人提起此事，而且變得很棘手。遇到這種鳥事，你真的很倒楣。他們也不想把時間浪費在這種蠢事上，一點意義也沒有。他們想要趕快解決，才能繼續過日子。你也得繼續生活，善盡本分，因為眼前還有更重要的事要做。你從美國海軍陸戰隊光榮退伍，人生一片光明，事業也步入正軌。你也許在其他單位進修，有完善的生涯規劃，沒道理要被迫中斷。

「但身為執法人員，最基本的要求就是誠實。說實話很難，有時我們不確定會有什麼後果，也不知道別人會如何看你。可是，你應該清楚，每個人都會小題大作，尤其是做錯事的時候。我們都會自我膨脹，把注意力放在自己身上，所以一點錯誤就感到內疚、羞愧。好人才會這樣，對自己很嚴苛。在這行待得夠久的話，就會知道壞人是不在乎的，做什麼事都不要緊，即便是搶劫、強暴和殺人。在他們的世界中，那就像去遊樂園玩一天，是日常的一部分。但在你我的世界裡，連收到超速罰單都會很內疚。

「跟茱蒂發生性關係，你沒什麼好內疚的，畢竟是兩廂情願，她同意了，而且樂在其中。你沒有強迫她做任何事，也好心送她回家了。事實上，她還會向朋友吹噓自己的浪漫情事。沒什麼大不了的。但她不小心洩露出去了，那些人才不得不稍微處理一下，以免被究責。他們只想確定你不會強逼別人配合，更不會與

五、六歲小女孩發生性關係，那才叫做猥褻。

「再回到我所說的。你是執法人員，有時就必須硬著頭皮說實話，人難免都會犯錯。天啊！這種事真討厭！不管在哪個警局，大家都曾明知故犯，做過讓自己後悔的事。我們都是人，不是神。別讓這件事毀了你的職業生涯，這只是小錯，失誤在所難免。」

雷夫：「如果我承認的話，我的執法生涯就完蛋了。」

從雷夫口中說出的這句話非常有用。他依然沒有說自己是清白的，麥克更加深信，雷夫的確有對茱蒂性騷擾。他說了這麼多理由，就是在逃避問題。

麥克：「天曉得會怎樣呢？」

雷夫：「我知道自己的下場。」

麥克：「你怎麼知道？」

雷夫：「我就是知道。」

麥克：「那個以後再處理。但首先我們必須先了解事情的全貌。我的意思是，我不想一走出這裡就跟大家說：『嘿，是雷夫幹的，他什麼都不在乎，連說實話都嫌懶。』

雷夫：「我在乎。」

麥克：「我知道，也希望你是真心的。我希望你和我合作，看到你願意配合的態度，並且表達歉意。我希望能你能保證，再也不會做這一類的事。我真的相信你是個好人。我想告訴他們，你是個負責任的人。」

此刻，雷夫把臉埋進雙手裡，哭了起來。

麥克：「你沒有性騷擾任何人，他們那樣說是錯的。我會告訴他們你不是那樣的人，雷夫，我知道你不是壞人。」

麥克感覺雷夫應該做好心理準備要說實話了，他決定依推論提出假設性問題，以評估目前的進展。

麥克：「是她的主意嗎？」

雷夫：「不，當然不是我的主意。無論發生什麼事，都不是我提出的。」

雷夫聽錯了，也許他預期麥克會問，那是否爲他的主意。

麥克：「是她的主意嗎？」

雷夫：「我只有載她回家。」

麥克：「我知道。雷夫，那些事都結束了，而你必須說出真相。這很難，我知道這不容易。我知道你很堅強，所以你得鼓起勇氣。但你要給個解釋，不能就此撒手不管。往後，大家只會想到你是個爛人，但這種責怪沒有道理。我們要謹慎地處理，讓調查人員知道真相。所以我們必須先搞清楚來龍去脈。」

雷夫：「接下來會怎樣？」

雷夫的態度顯示他已認命。這就是審訊時關鍵的轉捩點。他不再抗拒，並權衡自己有哪些選擇，評估未來將面臨的懲罰，以決定要不要吐實。此刻，有些調查人員會忍不住想威脅嫌疑人，或是做出無法兌現的承諾。這是個危險的陷阱，會導致供詞在法庭上失去效力。不管在哪種審訊場合，你都不可威脅或給對方承諾。套話的黃金定律就是：絕不可透過某些言行令無辜的人招供。

麥克：「很高興你提出這個問題。首先，我不知道結果會怎樣。我所知道的是，解決的方法有很多種，起訴只是其中之一。這是個重大的決定，它會影響你未來的生活及執法生涯。做決定的人必須多方考慮，這是他們的責任。無論你是否誠實以對，還是得由他們來判定你是否有配合調查。其次，他們會想知道，你是否真的了解自己犯了錯，而且有心要把事情解釋清楚。我也想告訴他們，雷夫是真的在意。

「他們希望看到，你有膽量承認自己的錯誤，永遠也不再重蹈覆轍。這一點很重要，我也希望你做得到。最重要的是，你應該為自己的所作所為感到抱歉。而我想告訴他們，雷夫很難過，他真心感到很抱歉。

「我也想替你解釋，這件事是兩廂情願，沒有暴力脅迫，只是出於一時衝動。有些事我們沒有精心安排，但它就這麼發生了，而且絕對違背你的本意。希望他們都能了解這一點。無論是誰決定你的未來，都要考慮這些因素，所以他們得知道真相。除非你解釋清楚，否則他們會做出草率的決定。認錯、道歉，才能表現你有在乎此事，那些人才會欽佩你、對你有好感。然後，他們就會做出極為合理且你也能接受的決定。但第一步你要先放下之前的否認心態，這是令他們最困擾的事。你很抱歉又感到難過，我全都知道。」

麥克再次感覺到雷夫準備認罪，決定再次提出合理的假設性問題，以評估目前的進展。

麥克：「茱蒂是你近來唯一發生性關係的對象嗎？」

在哭泣中，雷夫點頭說「是」，這就是麥克努力要套出的眞相。關鍵在於，有操守的調查人員只想獲取眞相，而不是只爲了取得口供。供詞有可能是事實，但麥克必須加以證實，並面對當事人的情緒和阻力。

麥克：「我也是這麼想。」

雷夫哭泣中。

麥克：「沒事了，我知道這很難面對。事情發生後，你有感到內疚嗎？還是覺得這種事沒什麼。」

雷夫沒有回應。

麥克：「告訴我一夜情之前發生了什麼事，這一切是怎麼發生的。」

雷夫：「我不記得了。」

審訊中，嫌疑犯經常出現選擇性失憶。以此案來說，麥克的抵抗態度，是爲了避免洩露訊息，令人找到確鑿的證據。這很令人洩氣，但你得保持沉著，不可被挑起情緒。麥克對此處之泰然。

麥克：「嗯，應該還有些細節。」

雷夫：「她只是叫我載她回家。」

麥克：「那接下來呢？」

雷夫：「我不知道，只是沿路一直開下去，車子停在哪裡我都忘了。」

麥克：「好的。」

雷夫繼續哭泣。

麥克：「沒事的，這的確很難面對。」

雷夫：「我的一生全毀了。」

麥克：「絕對不會，還差得遠哩。你現在看起來很糟，接下來也的確不會太好過，但未來不一定會如此，絕對不會。我先前說了，別小題大作，這真的沒什麼大不了。」

雷夫：「不，這是件大事。」

麥克：「嗯，對你來說是大事，我知道，好像世界末日快到了。對此刻的你來說，的確有這樣的感覺。你感到事態嚴重，但你沒有殺人、強姦或傷害任何人。」

雷夫：「話是沒錯，但我會進監牢。」

麥克：「檢察官和調查人員有告訴你他們的打算嗎？」

雷夫：「我不知道，他們的措辭很犀利。」

麥克：「嗯，我也不敢確定。我也沒資格知道你會不會進監獄。讓我再問清楚，你有沒有跟她性交？」

雷夫：「哦，天啊！當然沒有！」

麥克：「為何作到一半？」

雷夫：「我不知道，我不記得了，我都忘了。為什麼停下來？我也毫無頭緒，我只記得做到一半，我就說：『我們走吧。』」

麥克：「你會停下來，是因為覺得有點奇怪嗎？你知道接下來會發生什麼事，也意識到那是錯的，所以覺得有點羞愧，對嗎？」

雷夫哭著點頭。

麥克：「這是很好的態度跟想法。如果你是壞人，就不會覺得那有什麼不妥了。」

雷夫：「我無法正視你的臉。」

麥克：「沒關係，告訴我那晚在車上發生什麼事。」

雷夫哭著說：「我只記得……哦，我不說出口。」

麥克：「得了吧，雷夫。」

雷夫：「我不知道。我只是在想如何表達……天啊……你知道的，她撫摸我，我撫摸她，然後我就停了下來。」

麥克：「她只有用手撫摸你的陰莖？」

雷夫：「嗯。」

麥克：「好的，她這樣愛撫多久？」

雷夫：「幾秒鐘。」

麥克：「可以說得更清楚嗎？」

雷夫：「也許十秒鐘，我不知道，我不喜歡她那樣做。」

嫌犯總是對自己的行爲輕描淡寫，因此，審訊人絕不可能獲得全部的事實。這麼多年來，我們確實很少取得完整說詞，只能盡力拼湊出八九成的眞相，這樣之後的決策者才得到夠準確的訊息，作爲執法的依據。此外，值得注意的是，雷夫有一句話既經典又關鍵：「我不喜歡她那樣做。」這種明顯是騙人的話，經常出現在審訊過程中，我們可以把它當作線索，以挖掘出更多的訊息。

麥克：「把手指插入她陰道中是什麼感覺。」

雷夫：「我只是喜歡搓揉而已……他媽的。」

麥克：「至少你的指尖有進入她的陰道一點點，對吧？」

雷夫哭著說：「是……」

麥克：「你的手指放進她的陰道多久？」

雷夫：「不到一分鐘，應該只有三十秒。車子停到路邊弄一下而已，五秒吧，不，一兩秒而已。我講不下去了。」

麥克：「可以的，你承受得住。你現在很難受，覺得很痛苦，但事情會過去，沒事的。」

雷夫：「我完蛋了，我人生毀了。」

麥克：「這我們不敢確定，不要想太多。」

此刻，嫌疑犯認罪後，通常會認爲自己的世界轟然倒下，因此必須小心處理他們的感受，多一點體諒和高度同情心。他們的心情平復後，才有受尊重的感覺，並有尊嚴地離開。

雷夫：「我喜歡在這裡工作。抱歉，我不知道現在該做何感想。女友一定會離開我。」

麥克：「這很難說。你跟她交往多久了？」

雷夫：「不久，幾個月而已。」

麥克：「她很關心你。」

雷夫：「是啊，但……」

麥克：「她不一定要知道這件事。整件事會如何發展，讓我們靜觀其變，好嗎？」

雷夫：「我得跟所有人說，這一切都是謊言。」

麥克：「不不，他們都聽過太多謊言了。我敢肯定，他們也會對其他人說謊。你是正常人，這就是你的樣子，也是我的樣子。」

雷夫：「他們信任我，我卻辜負了他們，還用到大家的錢。」

麥克笑著說：「對，這是大家的錢，納稅人的錢。這點小錢不算什麼，別擔心。你不用煩惱這件事。大家會尊敬你，因為你有勇氣承認錯誤，證明自己是有擔當的。」

雷夫：「是，但我應該早點告訴他們。」

麥克：「一開始我跟你說，如果他們用別的方式來處理，一定會更順利。我不是在開玩笑。他們一開始嚇唬你，所以你才不敢說實話。我真的這麼認為，你也是這樣想吧？」

雷夫：「是，當他們跟我說我猥褻她時……」

麥克：「我明白，我明白。」

此刻，負責調查的副隊長走進偵訊室。雷夫在副隊長面前複述供詞，最後他並未入獄，而是遭到停職處分，但隨後獲得另一間警察局錄用。而調查結果也證明茱蒂所說屬實。

CIA密技

套話的黃金定律：

- 不管在哪種審訊場合，你都不可威脅或給對方承諾；絕不可透過某些言行令無辜的人招供。
- 審訊過程中，若出現明顯的謊話，那就是明顯的指標，我們可以把它當作線索，以挖掘出更多的訊息。

〔12〕解除威脅與恐懼，對方才有動力說實話

二〇一一年，聯邦調查局前探員阿里．蘇凡（Ali Soufan）出版回憶錄《黑旗》（*The Black Banners*），詳細闡述他對於祖貝達（Abu Zubaydah）一案的看法。九一一事件後，第一個遭逮的基地組織恐怖分子就是祖貝達，他是頭號要犯，對美國的反恐行動很有價值。

蘇凡聲稱，他與聯邦調查局同事藉由非脅迫的審訊技巧，與祖貝達建立和諧融洽的關係，才能成功取得情資，進而起訴對方。中情局反恐中心（CIA's Counterterrorism Center，簡稱CTC）的調查小組隨後加入，並使用「強化審訊手段」。他們用這些酷刑來對付祖貝達，後者馬上拒絕合作，情資的來源也馬上中斷。

蘇凡寫道，CTC調查小組的成員包括中情局的首席心理戰專家「艾德」、測謊

員「法蘭克」以及中情局外聘的心理學家「鮑瑞思」。後來，該小組又補上一支由年輕分析員組成的小分隊。

根據蘇凡的說法，對於強化審訊手段的效果，CTC的團隊很快出現意見分歧。他們分成兩派，鮑瑞思等人擁護強化審訊手法，法蘭克等人則重視非脅迫性手段，也就是蘇凡和聯邦調查局的作法。

不出所料，蘇凡嚴詞抨擊鮑瑞思。他寫道，鮑瑞思很快承認，自己從未訊問過伊斯蘭恐怖分子，甚至從未參與過審訊。有同事質疑，對於有殉道精神的人來說，強化審訊手段完全無效，但鮑瑞思說，那才是科學方法。他非常震驚，居然有人敢提出質疑。鮑瑞思的前同事告訴我，無論在哪個單位，他都認爲自己最聰明，而且厭惡有不同意見的人。

「你等著瞧好了，」鮑瑞思說道：「對於這些酷刑，正常人馬上就有反應，絕對無法招架。他崩潰的速度有多快，等等你就知道。人類總是希望過得舒服一點，等等你就懂了……」鮑瑞思擺出一副高高在上的嘴臉，彷彿他不屑跟一群笨蛋說話。

不過，鮑瑞思所使用的審訊手段未能達到預期的成果。其他中情局的官員開始產生懷疑，不滿之情日益升高，對於鮑瑞思的審訊手法，不再保持開放的態度。他們的審訊經驗有限，而且完全不了解祖貝達，所以一開始毫無斬獲，只有鮑瑞思在自說自話。

鮑瑞思的實驗變得愈來愈危險，還有可能會觸法，CTC才開始意識到，雖然鮑瑞思給人信心十足的印象，但其實他也是一知半解。他的實務經驗僅限於講課，從未參與過審訊恐怖分子的工作。

儘管如此，根據蘇凡的說法，那些年輕分析員非常欽佩鮑瑞思，對他主張的論點佩服得五體投地。另一方面，CTC測謊員法蘭克提倡非脅迫性的審訊手法，與嫌疑人建立和諧、融洽的關係，但對此年輕分析員卻覺得「枯燥乏味」。法蘭克想要說服祖貝達，配合調查對他最有利，更是正確之事與當務之急。

關於祖貝達的審訊過程，蘇凡具體而微地呈現出強化審訊手法的爭議。如同本書開頭所言，我們不打算探討情治單位該用哪些審問技巧來保護國家安全，也不願意評斷各種派別的擁護者。針對蘇凡書中所言，以下爲我們的觀點，但請記住，我們無法完全肯定他寫的內容沒有錯誤。

至少，書中的內容是接近事實的。鮑瑞思認爲，身心受盡折磨後，依照人類的本性，關係人會立即說出實情。但千萬記住，這樣的論點並不正確。他還認爲，恐懼是審訊時唯一有影響力的工具，這一點也完全錯誤。每個人都害怕遭受身體與精神上的折磨，當然會有所反應，但審訊人員能否藉此套出實情，成效實在令人懷疑。

我們用來獲取眞相的作法，其效果絕對遠超過鮑瑞思之流所能理解。問題就出在，他們認爲短期思維的原理與應用方式很複雜。

事實上，爲了充分利用短期思維的原理，我們就不該灌輸恐懼感，而是要減少或消除它。既然我們推測祖貝達隱瞞了恐怖分子的情資，那麼想讓他透露消息，就要左右他的注意力，不要讓他以爲招供會有什麼不良後果。沒有恐懼感，對方才有動力說實話。威脅恐嚇只會造成反效果，但鮑瑞思似乎無法明白這樣的道理。

鮑瑞思相信，身心受到虐待後，就會吐露情資。這種想法的預設立場是，受虐者握有施虐者要尋找的情報，而爲了減輕痛苦，前者就會供出全部事實。如此就是雙贏的局面：施虐者獲得情資，受虐者也不再受苦。可是，鮑瑞思錯得離譜，這種假設毫無根據。他的謬論究竟是用來解決難題，還是製造難題？相信歷史終將做出最後裁決。

作爲自己國家和國際社會的一分子，我們必須自問，虐待與折磨眞的是合理而有效的手段嗎？它們最終會引領我們走到何方？獲得眞相當然很重要，但要想清楚，一旦採取虐待與折磨的審訊手段，就再也收不回來！既然可以拿它來對付恐怖分子，那麼用來對付性犯罪者、罪犯及莽撞的駕駛人也不爲過。究竟要到什麼時候，世人才會拋棄這種審訊手法呢？

在我們的職業生涯中，已充分證明本書所提供的方法可行。它能應用在各行各業和不同的情境，讓你順利獲取眞相。但更重要的一點是，這種作法完全符合各國千百年來的宗教、傳統和道德標準，也合乎美國立國時的法律和道德原則，更契合中情局自成立以來一直致力維護的價值觀。

我們很欣慰能堅持到底。

CIA密技

為了充分利用短期思維的原理，我們就不該灌輸恐懼感，而是要減少或消除它。

13 審訊實務上的原則

絕對要做好完全的準備

對案件的細節瞭如指掌，挑出需要處理的重要議題，擬定關鍵問題。留意不一致、前後矛盾的訊息以及不合乎常理的事情。列出各種疑點的優先順序，可提前處理最重要的議題，但不可拖延。掌控時間與施加壓力，並利用對方的焦慮感。約談之初，對方會坐立難安，而且一定有所隱瞞。你得分析他的一舉一動，而且你也許只有一次審問的機會。

擬定具體計畫及深思熟慮的策略

確認你的目標。缺乏供詞的話，你必須調查對方平常的活動時間表，以及其不在場證明、傷勢等關鍵的細節。換句話說，限縮談話範圍，只准他談案情。我們的經驗之談是，談話時必須有條不紊，以顯示你會不遺餘力地找出答案。

審問者若不只一人，請事先分配好任務。

一名訊問者先開場，另一名則是在遠處觀察、做筆記及思考下一步，全程不中斷。當第一位審問者結束後，便轉向第二位，請對方「接棒」，比如說：「我的問題都問完了，你有其他問題要補充嗎？」此刻，角色互調，繼續訊問，直到兩名審訊者都滿意為止。最好的情況是，嫌犯將原本要保留的實話全部揭露。請謹記以下原則：「沒有人會向衆人坦白心事。」因此，偵訊室最好留下一人就好。

跟嫌犯簡短說明出了什麼問題

清楚告訴對方約談的原因。隱晦不明的開場白，或在審訊時隱瞞已知的訊息，只有在電影裡才有效。

按時間順序蒐集情報

否則你很容易錯失關鍵的事件，連嫌犯也會被搞糊塗。

不管蒐集到什麼情報，都不可以當下就信以爲眞

不斷提出問題，例如「你怎麼知道」、「爲何你這麼說」、「該訊息的依據爲何？」，以持續測試情報的眞僞。

別害怕說出「我不懂」

你覺得說不通的事情，務必要弄清楚。

提出開放式問題

讓對方試著說故事來回應，就能建立對談的基礎，並追問其他細節。提問時，讓對方盡情地回答，不要打斷他，他講得愈多，愈有可能前後說法不一，或洩露出有意義的情報，甚至猶如水龍頭的水不斷流出。後續務必要繼續提問，以檢驗陳述內容的眞僞。

提出封閉式問題

用來蒐集特定的資訊，例如「你何時抵達」。

提出合理的假設性問題

針對正在調查的事件，提出你的推斷，這樣能促使對方講實話。這類問題會讓嫌疑人猜想，訊問者握有的情報比自己預期的更多。

投放誘餌

提出假設的情境，在說謊者身上投放心靈病毒。這類問句會包含著「爲何」，例如「我們在門把上發現你的指紋，爲何會這樣」。

提出簡單明確、容易理解的問題

避免複合式問題，也不可誘導對方，或提出負面、太籠統的問題，當事人會感到一頭霧水。

有機會就繼續追問下去

保持警覺，一有機會就順藤摸瓜。

避免按表操課

訊問是動態、彈性的過程，不可能照著列表一一提問。

盡量不要作筆記

太專心寫字，就會錯失對方所洩露的重要情報以及想隱瞞的訊息。最好不要作筆記，如果對方意識到你正在記錄他所說的話，他就會分心，不會繼續保持在短期思維模式中。

別浪費時間在離譜的問題上

不時問問自己：「這真的是我們需要的資訊嗎」、「這是最關鍵的問題嗎」。

別操之過急

對方回答後，稍微停頓一下，讓場面變得有點尷尬，然後再提出下一個問題。在短暫的沉默中，你就有時間消化對方的回應內容，以決定下一個問題應該是什麼。此外，不急著繼續提問，留給嫌犯一點空檔，他才可能說溜嘴，以洩露有價值的情報。

保持不脅迫、不敵對的姿態

務必要以尊重、有同理心的方式對待嫌疑人。

讓對方自在地吐露情報

多多用言語鼓勵對方，像是「謝謝你的分享」或「這點很有幫助，謝謝你」。

像玩拼圖一樣多發問

嫌疑人會故意漏掉一些訊息，所以問他有沒有要補充的，如「還有什麼需要談一談，有助於我們了解情況」、「有什麼問題是我沒提到，而你認爲應該告訴我的」。

第二部

生活中的談判現場

序

彼得・羅梅瑞的法律人生

菲爾、麥克及蘇珊在本書中分享的套話技巧，應用在人際互動中非常有效，有助於我們獲取眞相。如他們所證明，該技巧適用範圍很廣，除了用於情治與執法任務，工作及日常生活中也很管用，包括僱用員工或買車等。他們所分享的經驗，不管是審問間諜或是查明員工是否偷錢，都有其一貫主軸，那就是「影響力」。這個概念有必要詳盡說明，因爲我們的生活處境，常常取決於身邊的人是否誠實以對。

身爲談判專家和辯護律師，我經常運用影響力。我十分明白，不論是解救人質，協商企業併購條款或爭取延宕已久的調薪，都能用到世界頂尖情報員的技巧，包括驗證線索的來源及測謊。若能設身處地爲對方著想，談話時我們就能取得優勢，進而更了解對方的背景、想法及動機。

這套我們為獲取眞相所開發出的系統化方法，是以影響力為基礎，不僅適用於晤談與套話，人際互動中發生衝突、彼此掣肘時，也有助於達到雙贏的結果。

生涯期間，我在各種情境下面談與蒐集資訊，並認知到，影響力不但可以促使人說實話，還能使談話雙方關心的議題更趨一致。我不敢妄稱自己是該領域中的高手，但一路走來我獲益良多，自己曾犯下許多錯，也被擊敗許多次，汲取了不少教訓。能夠分享自己的經驗，我感到莫大的安慰。

接下來我將解釋為何這套方法如此有效，並說明間諜的世界與一般人每天所處的世界有何交集。

1 小心掉入樂觀偏見的陷阱

間諜、駭客、搶匪、外遇者及賭徒有何共通點？聽起來像是個謎題，其實答案很簡單：這些人都相信能躲過天眼，不用承擔自己行為的負面後果。

瑪麗為何膽敢走進偵訊室，接受全球最高竿的審訊高手測謊，而非乾脆辭掉中情局的工作？賓拉登為何選擇住在巴基斯坦市區的醒目宅院裡，距離美國和盟軍的軍事單位不到一英里？大多數人為何仍是邊開車邊滑手機？經濟學家說，買樂透就像繳「智商稅」，頭獎的機率只有幾億分之一，但大家還是樂此不疲。

簡單說，因為這些人（我們也是）寧願抱持著「樂觀偏見」（Optimism Bias），選擇沉浸在美好的幻想中。

在《綠野仙蹤》小說裡，主角們一走進翡翠城，就被命令戴上綠色眼鏡，因此街道看起來更翠綠了。但作者告訴大家，翡翠城的顏色很正常。樂觀偏見的功效跟有色眼鏡一樣，所見之物會比實際情況更具吸引力。

所以，壞事永遠不會發生在盲目的樂觀主義者身上，坐牢、離婚、撞車，通通都不會遇到。「世人多麼愚蠢啊！」在你這樣想之前，請先參考一下心理學家塔莉．莎羅特（Tali Sharot）的說法：「大多數人都會抱持樂觀偏見。」我們總認為，多多正面思考不是壞事，但重要的是，你必須仔細評估現實情況，不要因為戴上綠色眼鏡而忽略其他的風險。

所謂的樂觀偏見，就是相信自己所做之事的風險不高、報酬卻很大，但其他人就沒這麼好運了。因此，我們會去從事危險的行為，並相信自己不會被抓到，更不會受傷或丟了小命。無論有什麼不良後果，都不會輪到自己身上。經驗老到的談判專家和審訊員都知道樂觀偏見的危險性，也承認自己有這個問題，所以會適時調整言行。我們對自己、家人及朋友的處境都非常樂觀，倒楣的都是其他人。正如打官司的時候，許多人相信自己會勝訴，而對方那個無能的律師會把事情搞砸。

不管在哪個國家，對執法人員撒謊都是犯罪行爲。資料申報不實是輕罪，頂多是判緩刑或繳罰款。「妨礙司法公正」（包括作僞證）會被判處較長的有期徒刑。儘管如此，人們還是經常對執法人員說謊，暗想自己作壞事不會被抓包，絕對不會露餡。

假想以下情況：一名擁有雙重國籍的男子持外國護照入境美國，因過去有犯罪紀錄，所以海關拒發簽證。該名男子並未重新申請入境許可，而是使用另一本護照再次入境美國。他不但在美國可能會被起訴，核發另一本護照的國家也會追究這個罪行。有理性的人會認爲，這樣做被抓包的機會很高，讓自己深陷牢獄之災。畢竟，隨著科技進步，各國移民局的資料庫彼此都有連線，犯罪而遭到起訴的人，很容易就被發現。由此可知，樂觀偏見會導致我們做出極危險的行爲。

講到樂觀偏見，我回想起幾年前的一位刑事案件當事人。他遭控偷了一台相機，然後拿到當鋪典當變現。他告訴願意聆聽的每一個人，包括警察、檢察官、家人、獄卒和法官，他是無辜的。最後，開庭時間到了，我準備好要出發。逮捕我當事人的警官是我的好友（執業這麼多年來，我幫許多警員打過官司）。他問我能否到法院大廳聊一下。我出去後，該名警官拿出那台相機，是當時最新的機種，相當罕見。相機裡有幾張照片，上頭我的當事人面帶微笑、擺姿勢，全都是當鋪老闆拍的。我的當事人去典當相機時，無法出示有效的身分證件，老闆只好用這種方式存證。我的當事人有義務要配合，甚至還擺出不同的拍照姿勢。證據確鑿。辦妥認罪協商後，我的當事人得到教訓，知道自己掉入了樂觀偏見的陷阱中。

其他經典的例子還有家事案件，律師們都非常熟悉。美國的離婚率約百分之五十，即每兩對夫妻中就有一對分手。莎羅特的研究指出，新婚夫婦都會斬釘截鐵地說，他們的關係不會以離婚告終。但事實上，新婚夫妻的關係有許多的不確定因素，律師應該可以爲不少人規劃婚前協議。但遺憾的是，新婚夫妻都不想花這個錢，正如開車滑手機的人認爲自己絕不會出車禍。他們都在逃避現實。

值得注意的是，談判時，嫌疑人也會無意間加強自己的樂觀偏見，結果錯失對自己有利的和解機會。許多談判專家會直接切入正題，提出非常合理的條件，但嫌疑人會認爲這只是殺價的起點，爲了得到優渥的待遇，於是他獅子大開口。但談判專家堅持不退讓，彼此討價還價後，嫌疑人所得到的結果比最初的條件還糟。社會心理學家稱此現象爲「錨定效應」。

不妨以買賣房子爲例。你想賣房，標價寫六百萬，心裡的底價是五百七十萬。有位潛在的買主來議價，並開價五百六十八萬元。突然間，你變得超級樂觀，心裡想著，如果當初標價高一點，那位買主一定會出更多。因此，你堅持五百八十萬才賣。你本來會欣然接受對方的出價，因自己的樂觀偏見作祟，結果對方打退堂鼓。

我時常擔任仲裁人，所以很常見到此種情況：某一方提出非常合理的條件，另一方卻百般刁難。從這些經驗中我學到三大教訓。首先，我會愼重地建議我的委託人，別一開始就提出合理的條件，以免提高對方的期待。其次，最好讓對方先出價，才可以評估是否合理，並據此提出我們的要求。最後，當我們眞的要讓利時，條件不可好到像凱子一樣，以免助長對方的氣勢與樂觀態度。

一定要多多研究樂觀偏見，原因很簡單，除了能了解對方爲什麼會信心大增，更大的益處是，可以發現自身言行的盲點，避免不自覺地走上危險的道路。我們依舊可以保持樂觀的想法，只是要學著管理潛在風險。添購保險、制訂應急方案，人生有閃失時，就可以派上用場。

無論你是好人或壞人，應該都是樂觀主義者。我們這些測謊專家看過太多案例了，無論是內奸、間諜、恐怖分子及罪犯，他們多少都有樂觀偏見。坦白說，許多調查人員也很笨，以爲這種樂觀態度是出於狂妄自大或趾高氣揚，但樂觀偏見每個人都有，只是我們不自覺而已。

CIA密技

別一開始就提出合理的條件，以免提高對方的期待。其次，最好是讓對方先出價，才可以評估是否合理。

2 成見或刻板印象一出現，就會一路錯到底

歐瑪的過往紀錄沒有瑕疵，又有虔誠的信仰，所以他輕而易舉就能取得菲爾的信任。多年來，歐瑪接受過許多調查員盤問，也都能順利通過。菲爾預期此次會面會很輕鬆，只是來確認前輩的調查結果。幸運的是，他有提醒自己，不要讓這種預期心理影響自己。菲爾清楚知道，我們多麼容易受「確認偏誤」（Confirmation Bias）所害，也就是說，人們所相信的資訊，都是爲了證實自己的期望或先入之見。菲爾提醒自己會有確認偏誤，所以才成功抓到歐瑪的小辮子。

確認偏誤的狀態如下：我們認爲事情應該如此，然後積極尋找證據，只爲了滿足我們的成見，至於完全相反的證據，就會完全忽略。解釋某項訊息時，我們只想讓它符合自己的觀點。更嚴重的是，我們會緊抓住某種立場，即便後所有證據都指

向不同的方向。

只要上過我們顧問公司的測謊人員培訓課程，或是看過《CIA教你識人術》，都非常清楚確認偏誤對於人際互動、商業交易的影響。我們在訓練課程中強調，想要獲取眞相，就要把焦點放在對方的欺騙言行，他說了哪些眞話反而不重要。理由很簡單，淸楚的言行沒有任何情報價値，過濾掉無關的資訊，才能有效分析某人顯露出的欺瞞行爲。

不過，確認偏誤會讓我們鬼遮眼。以歐瑪的情況爲例，幾十年來的報告都指出，他是値得信賴的人。菲爾認爲，只是跟熟悉的線民進行例行性面談。出於如此的確認偏誤，歐瑪才能瞞天過海，一騙再騙。正因爲有偏見，才會對當事人設定初步的印象，然後下意識地尋找能印證此印象的訊息，無視於任何矛盾處。

在測謊開始時，如果我們對當事人的第一印象是「忠厚老實」，那就會立刻抓住當下所觀察到的明確言行，以強化此印象。有些女生說，她相信某個男人，只因他的工作性質或在朋友圈的好評價。這就是確認偏誤。我們會刻意尋某些訊息，堅持某種立場，以支持自己的成見。無論是針對個人、企業或產品，我們都有意見。不幸的是，我們也會對種族、宗教及國籍有刻板印象。

若有你去觀摩開庭，或是觀看律政劇，就能看到在交互詰問時，律師利用確認偏誤當作猛烈攻防的基礎。最佳例子是已故律師強尼·科克倫（Johnnie Cochran）在辛普森殺妻案審判中所說的名言：「未審先判。」（rush to judgment）科克倫指控說，調查人員一開始就認定，辛普森殺了前妻妮可與妮可的朋友朗恩，所以他們尋找與解讀證據的角度，都是爲了強化此看法。

因此，我們得承認自己有些哪些確認偏誤，思考才不會有盲點，或是被對手打臉。「你一開始就作出結論，並放棄尋找其他可能的答案，不是嗎？」這是非常有力的問題，我在民事和刑事案件的交互詰問時經常使用。在尋找眞相的過程，唯有抱持開放的心態，利用客觀的方法小心求證，你才可以有效反駁對手的質疑。

多年來，我經常在法庭上代表家暴受害者。我深深體會到，遭到愛人或親人身心虐待，那種心理創傷有多麼深刻，旁人絕對無法理解。與當事人討論案件就很痛苦，更遑論要觀察對方的反應。不過，確認偏誤的威力有多驚人，從這些悲苦的案例就可以看出來。當事人是眞心相信施暴者愛她們。

有個案例格外引人注目。我的當事人「茱莉」身兼溫柔的妻子和慈愛的母親。丈夫「喬治」多年來折磨與虐待她，但她爲了六歲的兒子，仍然拚命地想維繫婚姻的完整性。某天傍晚，一家三口一起到牧師家進行婚姻諮商。

當他們抵達牧師家時，喬治命令兒子前去按門鈴。茱莉仍坐在車內，聽到身後發出明顯的「喀擦」一聲。她轉過身來，眼神對上雙管獵槍。茱莉馬上跳下車，喬治跟著扣下扳機。不可思議的是，子彈都沒打中要害，但在她的左大腿上造成一道很深的傷口。茱莉跌坐在地上，痛苦地大聲尖叫：「我中彈了！我中彈了！」

她躺在地上哀嚎，左大腿鮮血直流，看見喬治拿著獵槍出現在她面前。他用冰冷的恨意對茱莉說：「賤人，妳還沒有中彈，現在幫妳補上。」他再度扣下扳機，子彈擊碎茱蒂的肩骨。喬治開車揚長而去，隨後遭到警方逮捕。

茱莉歷經多次手術，在醫院躺了好長一段時間，出院後來到我的辦公室。她正在聲請禁制令，而且該郡家暴案件的保釋金是出了名地低，即便喬治曾被指控謀殺未遂；這樣的案例法院早已司空見慣。

我們第一次會面時，有件事令我印象深刻。茱莉多年來飽受身心虐待，此次攻擊事件又差點讓她喪命，但她仍堅持要列出喬治做過的好事。他曾透過親戚表達歉意，並設法把生日禮物送到兒子手上。她相信喬治愛她，而對方也道過歉，還送了禮物。

茱莉不斷尋找「證據」，只爲了證明喬治愛她，而且不管確切的反證有多少，她都堅定不移。我不怪她，也不忍苛責家暴或性侵的受害者，更無法忍受加入譴責受害者的行列。大多數人都有如此根深柢固的確認偏誤，即使處在茱莉那種悲慘的情況，也難以破除。但我相信，有些人確實有辦法挑出自己的各種成見。

確認偏誤不是家暴案件中特有的因素，畢竟這類事件非常複雜。儘管如此，經手許多類似的案件後，我開始研究確認偏誤，這樣才能了解並協助我所代表的受害者。

與許多認知偏見一樣，之所以會有確認偏誤，是因爲我們真的相信自己是客觀且開明的，但其實並非如此。不少人難以接受此事實，但有個簡單的方法可以說明這整個心理機制。

上談判課時，我會利用心理學家貝特倫・佛瑞（Bertram R. Forer）所開發的簡單實驗，來說明確認偏誤的起源與效果。接下來我會解說何謂「佛瑞效應」，讓你明白，所謂的通靈者與推銷員只要用一些話術，就可以唬過所有人。

這項實驗很容易執行。你拿出一份假的人格測驗，然後告訴受試者，每個人的分析報告都是獨一無二的。事實上，這些內容毫無重點，都是佛瑞自己瞎掰的：

你渴望受到他人喜愛與欽佩，而且對自己的言行吹毛求疵。你擁有可觀且尚未開發的潛能；你的長處還沒開始發揮。個性有些缺陷，但大體而言你都有辦法彌補。你在性方面的控制力有一些問題。儘管外表看似有紀律和自制力，內在卻充滿著憂慮與不安。偶爾，你會嚴重質疑自己是否做了正確決定或對的事情。你喜歡生活有一點變化，受到侷限時會感到不滿。你自豪自己是個獨立的思考者，若無令人滿意的證據，絕不會接受他人的說法。你認為，對他人過度坦率是不明智的。有時你外向、和藹可親、善於社交，有時卻內向、謹慎而矜持。你有一些不切實際的抱負。安全感是你人生重要的目標之一。

正如你所看到，以上的分析內容對每一個人都適用。只要稍加修飾，甚至添加相互矛盾的語句，就可以成爲另一份人格分析報告。接著，佛瑞請受試者評估此項測驗的準確度，所有人給出的評價都很高。原因在於，他們往往只看到報告中的正面特質，以印證他們的自我認同與價値感。在解讀分析結果時，他們便一廂情願地認爲，此測驗精準地反映自己的個性。我多次在課堂上進行這個實驗，學生們也老是被騙倒。

由此，我們學到一個重要的經驗法則：當某人說你好話，試圖要影響你時，別讓確認偏誤在不知不覺中出現。

我處理過一個特殊案例。我的當事人找我進行法律諮詢前，曾受到人身傷害並同意和解，後來我們想取消此協議。我的當事人說，先前對方誇獎他是能力高超的商務人士，就算受了傷且必須服藥，但判斷力還是很強。因此對方相信，我的當事人一定能公正、準確地看出此案的重點在哪。而且，對方還看過我當事人的病歷，發現他的智力過人一等。因此，若有人覺得我的當事人是笨蛋，一定是想「占他的便宜」。

其實，對方想說的是：「我們檢查了你的醫療紀錄。我們要拍你馬屁，讓你相信自己有能力處理這起傷害案件。假如有人試圖說服你別這麼想，他肯定是在呼攏你。」不幸的是，和解達成後想推翻，相關的法律門檻非常高。他吃了不少苦頭才記取「佛瑞效應」的教訓，並知道誰是眞正占他便宜的人。

回到歐瑪的情況，無論有意或無意，他憑恃的是：基於多年來的可靠表現，菲爾會相信他是誠實的線民。歐瑪也極有把握，只要表現出自己的信仰上虔誠的那一面，就能利用菲爾個人的好惡去影響評估結果。幸好菲爾先檢查自己的確認偏誤，設法排除各種成見。最後我們看到，菲爾的訊問方法發揮了效果。

CIA 密技

想要獲取眞相，就要把焦點放在對方的欺騙言行；淸楚的言行沒有任何情報價值。

3 真誠是說服對方的第一要素

在飯店房間裡，菲爾觀察到歐瑪有所隱瞞，得知眼前這名男子曾暗中蒐集美國情資，並躲過偵查長達二十年之久。菲爾確信該名男子對美國安全構成嚴重威脅。然而，但要證實此事，還有許多步驟要完成。菲爾從聆聽（觀察）模式轉換爲套話模式，勸服歐瑪說實話，此次會面才會有收穫。美國的國家利益是否會受到影響，全看菲爾的表現，所以賭注非常高。

審訊時，調查人員設法讓嫌犯供出關鍵的訊息。賣房子時，你希望對方提高交易金額。租房子時，你想要房東同意合約中對你有利的條款。在這些情況下，你都要善用關鍵的「轉折語句」，一開始評估對方所說的內容，接著勸說對方誠實以對，以及按照你的目標來行事。

談判時要有效又有說服力，並且發揮你的影響力，有五個階段：準備、評估、說服、討價還價、收尾。

見面前，做好充分準備（詳見附錄一）。會面一開始，你提出深入尖銳的問題，同時聆聽、觀察，進而衡量對方傳達給你的訊息。會面前多多研究，評估時盡量蒐集資訊，你將得知對方的動機與利基。

現在，你準備要利用自己的演說技巧來勸說對方，請他交出你正在尋找的東西。在套話情境下，你想要獲得全部的眞相；在談判時，你要取得解決方案。許多人認爲，要好幾年才能成爲經驗老到的辯護律師。其實並非如此。每一個人都能構思及表達具有說服力的論點。做足準備，確實聽出對方所重視的事情，就能有效說服他。

談判時，你的獨白要很有說服力，內容應該要詳盡、不偏不倚、簡潔有力及眞誠。現在就來一一檢驗這些要素：

詳盡

你所說的話要非常清楚，這樣才能勾勒出關鍵問題，讓對方仔細考慮。出示照片、文件或其他物證來支持你的立場，千萬別遲疑。購買汽車或其他大型物品時，要殺價的話，你身邊最好有書面資料，包括市場上的行情報價。

不偏不倚

若你立場偏頗，或不願接受對方所提出的有力論點，那談話就很難有圓滿的結果。如果你握有證據可反駁對方，當然可以拿出來。但你得先承認，對方所說的話有其重要性，絕不能一概否認。如果對方提出的意見你無從反駁，或提出的要求沒有花你一毛錢，那麼就妥協讓步吧。

簡潔有力

專心處理手頭上的事，別詳述雙方已熟悉或無須爭論的事實，也別把私人問題或謾罵等無關的事情帶進討論中。侮辱、貶低對方，或花太久時間陳述自己的觀點，對方的注意力很快會消失。

眞誠

談判是一對一的場景，不是向陪審團提出抗辯，也不是懇求選民支持，重要的是要讓對方看到你的誠意。陳述事實時，難免情緒會激動起來，無須擔心，只要保持眞誠且不做作，不要逾越社交禮儀，就能印證你的誠意（不過，嚎啕大哭其實沒有說服力）。

最後請謹記，爲了有效說服對方，會面時從頭到尾都必須保持全神貫注。雙方都想要確信，對方的注意力全在自己身上，並聽清楚自己所說的一切。爲此了避免談話受到干擾或被打斷，雙方一定要關掉手機、收起筆記型電腦。

CIA密技

獨白的時候，內容要詳盡、不偏不倚、簡潔有力，態度要真誠。

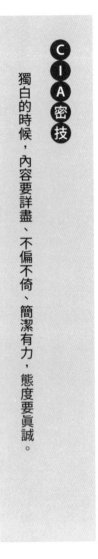

4
別讓自己惹人厭

「我喜歡佛蘭人。」李奧對菲爾說，並解釋他爲何會被勸服，爲佛蘭情報局工作。在這些簡單的話語中，有一股影響力大家一定要記著，那就是「好感」。

本書從頭到尾，你應該會注意到有個一再出現的主題，那就是「別讓自己惹人厭」。原因並非在於，有人該去扮演「好警察」這種老掉牙的角色（還是留給好萊塢吧）。基本上，不管你要投入面談、套話、談判、上法庭、政治運動還是日常溝通，最重要的是要受到喜愛，或至少不討人厭。

人人都有龐大的人情與社會壓力，所以要對我們喜歡的人說「好」，爲我們喜歡的人做事。慈善家、企業家、情報員、律師以及所有的好人都知道，一個字、一抹微笑、一個溫柔體貼的動作以及一通電話的威力有多強大。

身爲律師，我很早就從律師朋友「吉姆」身上學會一件事：把世界視作法庭，將每個人視爲陪審員。因此，從早上離開家門開始，我的說服陪審團之戰旋即展開。吉姆教我，無論去哪裡，陪審員都可能看到我。有時，爲了搶到最後一個停車位，我在車道上超車。搭電梯時，看到某個不討喜的陌生人，我趕緊按下關門鈕。當我漠視或對法警沒禮貌時，不小心被一名女子看到。無論是哪種情況，對方都可能成爲陪審員，看到我的所作所爲後，就會否定我在庭上的表現。我不要求陪審員一定要喜歡我，雖然那樣有加分作用，但最重要的是，我絕對不能讓他們討厭我。

某次，我在對方律師的辦公室裡錄取口供證詞（deposition）。這位律師其實不想與我們打官司，所以心情極度沮喪。錄證詞（回想當時，我們的確是用錄影帶）的過程中，該名律師變得愈來愈惱怒，動不動就誇張地說「我反對」，然後不停地打斷我的問題。這種情況發生好幾次後，我請他能否等我問完問題後再提出反對意見。他的反應一樣敏捷：「聽好，管他媽的什麼時候，我都會大聲反對到底！」我立刻回應說：「先生，請別這樣，沒必要說出這些不雅的髒話。」

錄完口供證詞，我們收拾東西、準備離開，對方律師向我走來，爲自己說了粗話一再致歉。「彼得，我眞的很抱歉，」他說道：「我沒想到你會這麼生氣。」

「我一點也不生氣，」我答道：「我只是不想在該死的影片上說髒話。」道理很簡單，我們生活在美國南方，位處美國最保守「聖經地帶」的中心。如果法官或陪審團看到這段影片，哪一個律師看來最討人厭？

另一次，在聖誕節前一週，我前往緩刑法庭，那裡專門處理因違反緩刑條例而被起訴的人。證實有違規的話，刑罰可輕可重，從法官的口頭訓斥到即刻坐監不准保釋，也就是直接去坐牢。那天的法官「艾佛瑞特」以絕佳的幽默感著稱，坐上法官席後，他對現場的所有被告說：「各位先生、女士們，距離聖誕節還有一個禮拜。因此在判決時，你們將有機會聽到這兩首歌曲其中之一：〈藍色聖誕節〉（Blue Christmas）或是〈我要回家過聖誕節〉（I'll Be Home for Christmas）。」

被告聽進去了，並爲自己找理由辯護。過了一會兒，一名中年女子被帶到法官面前。

「女士，你有什麼話好說？」艾佛瑞特法官問道。

「做錯事沒有藉口，庭上，」該名女子答道，顯然她剛經歷了一些艱難的歲月。

「您可以繼續問下去，並播放第一首歌曲。」

法庭內，包括艾佛瑞特法官等人都哄堂大笑。該名女子並未編造理由，還拿自己開玩笑。簡短的交談後，艾佛瑞特法官從輕處罰，只給予嚴厲警告，而她也的確返家過聖誕節。好感和誠實的力量獲得勝利。

許多因素會影響一個人受喜愛的程度。對別人說好話或說別人的好話，有助於讓人喜歡你。若你外表長得不錯，也應該覺得慶幸。研究顯示，相貌姣好的人更容易受到喜愛，因爲大家認爲他們擁有討人喜歡的特質，例如誠實、有才華及善良等。若是談到專業，重要的則是衣著整齊，表現出最好的一面。

提到人的姓名，尤其是名字，也能產生親切感與好感。電話行銷人員等推銷員就經常使用此策略。明白這種手法後，每當我們大採買時，我就開始與妻子玩遊戲，計算起推銷員叫她或我名字的次數。和其他事情一樣，這種手段做得過頭時，會有點假，也可能適得其反。但巧妙呼喚對方的名字，能讓對方感覺更輕鬆、自在，並樂於配合。

爲刑事案件被告辯護時，我不時看到喚名所帶來的正面效果。某次，我代表一名竊賊「吉姆．湯瑪斯」。湯瑪斯是慣犯，卻非常笨拙，老是被逮到。當判決日到來，我們在法院等待，準備在某位法官面前認罪。湯瑪斯很幸運，該名法官一向是從輕發落。隔壁法庭則是另一名法官（現今著名的政治家），以公平、寬大、體貼、彬彬有禮而聞名。不過只要碰上重大的案件，他聽到陪審團的有罪判決或被告的認罪答辯時，就會嚴加處置，一向都是重判。

該說是幸運或是倒楣，我們被帶到隔壁法庭。該名法官看到我當事人戴著手銬和腳鐐，指示法警「解開湯瑪斯先生的手銬」，因爲他目前是「假定無罪，應受到該有的尊重」。接著，法官下令原本上鎖的法庭大門應打開，因爲「民衆有接近法院的權利，不應受到限制，而且湯瑪斯先生得知道，正義必將得到伸張」。至此，我的當事人對該名法官好感大增，他直呼我當事人的名字，並充分給予尊重。

四宗竊盜罪中，我們針對其中兩件提出認罪答辯。然後，法官宣讀答辯狀，包含詢問我當事人一連串的問題，以確保他是在自由且自願的情況下認罪。法官語氣平靜且審慎地提出每一個問題，並稱呼我當事人爲「湯瑪斯先生」或「吉姆」。

這點在我當事人身上產生的效果非常驚人。針對那些罪行，法官最後判處最重刑期，我當事人卻感謝該法官以有尊嚴和尊重的態度對待他，還面帶微笑走出法庭。「大家通常都不太跟我說話，」我當事人事後說道：「在法庭上，他們只是把我當成討論的主題，只稱呼我爲『被告』。」顯然，我當事人眞心喜歡剛才判他有罪的那名法官。

創造好感的另一個要素是潛意識接收到的親切感。尼可拉斯．蓋根（Nicolas Gueguen）等社會心理學家的研究指出，稍微碰觸一下手臂，對方可能會更喜歡你。不過請小心，碰觸時間過久，會讓人有毛骨悚然或被侵犯的感覺。在錄取口供證詞或面談前握手，碰了碰別人的上臂，可以創造彼此的連結，讓談話順利展開。在電影《風起雲湧》中，政客就被揶揄，老是在使用這種手段。在談判和面談時，我們也可以透過「鏡射」（Mirror）原理來創造潛意識的親切感。我們都喜歡那些與自己相似的人，包括背景、觀點、生活方式或個性等方面。作出相似的動作與行爲也能創造連結感，例如翹二郎腿。我們可以模仿對方的姿態，但必須謹慎又有技巧，以免感覺太過虛假，讓他覺得被人嘲笑。若能應用得當，這個技巧的威力非常強大。

在辦公室錄取書面證詞或進行和解談判時，我總是先認眞研究對方的背景資料。我會花點時間介紹自己和員工，讓對方參觀一下辦公室、詢問他們的興趣，並分享我自己的背景和嗜好，尤其是點出彼此之間的相似處。等到要坐下來錄取口供證詞或談判時，那一點點的親切感就能醞釀出良好的會面氣氛。在面談過程中，你會想到對方與自己的關係有多麼密切，在運動、旅遊、政治或文學上的立場與觀點也很相近。這就是鏡射原理，每個人都很容易受到影響。

你是否曾察覺到，你的汽車銷售員喜歡的球隊和你相同？最近我妻子想買新車，我陪她四處看。我注意到，大多數的業務員辦公室陳設都很簡單，沒有海報或紀念品足以顯示他們對特定球隊或運動的熱愛。爲什麼呢？他們也許有熱愛的球隊或運動，但在談生意時，若客戶支持敵對陣營，那氣氛就尷尬了。無論如何，業務員都不想被討厭。

有一次，我無意間聽到某大學募款人員「亨利」與一名富有的男校友「李奧納多」聊到運動。這位校友似乎是狂熱的籃球迷，他穿戴的帽子和襯衫上都有推廣訊息，請大家支持該校的籃球計畫。亨利提到他多麼熱愛籃球，也十分關心校隊的動向。

「你是否也在關注女子球隊？」李奧納多問道。亨利推斷，李奧納多使用「女子」一詞，表示他應該不是女籃的超級粉絲。

「沒有，」亨利答道：「看她們打球不夠刺激。」這是很嚴重的判斷失誤，看來亨利並未仔細研究這名有錢的贊助人。

「那麼你一定不知道我女兒是誰，」李奧納多答道：「她是我們女籃校隊的成員，她們的比賽比男籃精彩多了！」

現場氣氛一片尷尬，就算亨利把話收回，也只會讓情況變得更可笑。正如你發出罵人的電子郵件後，馬上在街角遇到當事人。亨利支支吾吾說，他也覺得女籃的比賽確實比男籃更精采、有趣。但這樣的回應難以令人信服，只是讓氣氛更凝結，因爲他顯然只想討好有錢的校友。想要有效提升好感度，亨利還有很長的路要走。

CIA密技

提到對方的姓名，尤其是名字，就能產生親切感與好感。巧妙呼喚對方的名字，能讓對方感覺更輕鬆、自在，並樂於配合。

鏡射原理：我們都喜歡那些與自己相似的人，包括背景、觀點、生活方式或個性等方面。在運動、旅遊、政治或文學上的立場與觀點相近，彼此的好感度就會提升。

5

協商與談判是一種合作關係

上一章我們討論過好感的力量，只要產生良好的互動，對方就會配合你的要求。在此我想重申，我們提出問題與發表獨白時，都要保持低調與非挑釁的態度。這是一種合作關係，秉持著同理心，了解他的觀點，並引領對方，讓他覺得輕鬆自在，進而願意與我們分享情報。我們絕對不可逼供，迫使對方做出假證詞或口供，那樣並無助於獲取眞相，還會牽連無辜，讓罪犯逍遙法外。

談判時，要秉持合作精神、少說批評的話語並努力了解對方的觀點。哈佛談判專案中心創始人威廉·尤瑞（William Ury）在《一開口，任何人都說好》（*Getting Past No*）一書中說：「設身處地，爲對方著想。」我們希望，談判對象會將協商當成一種合作，而非對抗，以期創造出解決問題的永久方案。身爲談判專家，我們希望留下最好的結果，才能維持長久關係。不可自斷退路，以免被人當成不道德、無能的談判者。

要達到這個正面結果不太容易，但借助一些簡單的舉動，就能達成驚人的成果，像是以平靜而審慎的口吻提出問題：「你認爲，我們如何攜手解決這個問題？」不再區分你我他，而是並肩作戰，一起研究解決的方案。相較於此，在桌上重捶一拳，或忿忿地提出要求，一點用都沒有。

採納對方提出的建議，並感謝對方，然後耐心且冷靜地以此提議爲基礎，就能有效地達成共識。把對方的提議當作基礎，建立解決方案，就能達到你原本所設定的目標。

我曾參與一樁涉及「公平分配」（Equitable Distribution）的協商案。打離婚官司時，夫妻財產要如何平均分配，是個難題。這起官司是起自於殘忍的家暴事件。基於嚴重的暴力毆打事實，我們提出人身傷害賠償，以取代傳統的公平分配或贍養費。

在公平分配案件中，我的當事人最多可獲得夫妻共同財產的一半。但在人身傷害案件中，她能獲得的金額就取決於陪審團的判決。這是一場賭注，但鑒於案件事實，值得放手一搏。

這種情況下，我通常會與對方律師及其當事人碰面，並請我的當事人在電話另一頭待命，有需要時可隨時提出指示。基於家暴的本質，若讓受虐者與施虐者同處一室，往往會形成一股脅迫受虐者的氛圍，而施虐者會掌控了全局。

此家中，丈夫「安德魯」控制妻子的行動，在精神上虐待她，更當著年幼子女的面對她拳打腳踢。安德魯爲富裕的專業人士，我的當事人「桃樂絲」則是全職母親，經安德魯的「允許」正打算重返校園。

安德魯與其律師提議，他會把房屋的所有權轉讓給桃樂絲，但剩下的房貸她要自己想辦法。就這樣，沒別的了。桃樂絲原本想斷然拒絕，因爲這樣的賠償根本遠不及桃樂絲所受的苦，且她也負擔不起房貸；她返回職場後得養活自己和孩子。除此之外，她與孩子的人身安全還是有疑慮。這個方案甚至沒有提及桃樂絲在家暴中所受的刀傷等人身傷害。

我超想跟那傢伙直說我對他的看法，接著拒絕此項提議，一走了之，大家法庭上見。可是還有機會，我必須扭轉現在的局面，以創造對桃樂絲最有利的協議。

因此，我沒有直接拒絕，而是提醒安德魯，他在談判之初曾經承諾要一起努力找出解決之道，公平對待所有關係人，這樣才能證明他對妻小的愛。

其實，我無法判斷他有多愛自己的孩子，但我肯定知道他對妻子已經沒有愛了。儘管如此，既然安德魯承諾要與桃樂絲一起合作，還口口聲聲說愛老婆，那「我們」只好採納了他的初步提議，並以此爲基礎展開協商。

我代表桃樂絲，以冷靜且平穩的態度引導整個協商，同時繼續傳達我方要求。每次提出修正的方案時，我會先說一段獨白，就像套話時的方法。我提醒他，天底下沒有完美的婚姻，情緒煩躁或激動在所難免，而且每個人事後都會懊悔不已。幸好，上天給我們能夠改正錯誤、做對事情的機會。事實上，家暴是不可原諒的惡行，但此時我必須暫時放下情緒，否則我超級瞧不起施暴者。

協商到了尾聲，安德魯同意還淸房貸，並把房子過戶給桃樂絲，等孩子長大後，再歸於孩子名下。他也同意支付一筆八位數的補償金，且保護令的年限必須爲複數年，違反的話，他得負擔刑事與民事上的責任。根據保護令，他必須採取一些必要的措施，以確保桃樂絲的安全感；那些措施的範圍非常廣，比法院裁定的還仔細。

最美妙之處在於，以上都是安德魯主動提出、心甘情願接受的，協商過程中，每一步都有符合他最初的承諾。尤瑞說，此作法是參照孫子的名言：「圍師必闕，窮寇勿迫。」最好讓對方認爲自己是贏家，並把戰果歸功於自己的聰明才智。

一般人都認爲，談判專家就是一副冷酷無情、咄咄逼人的樣子，正如同鐵石心腸、盛氣凌人的審訊人員。他們講話時，不時揮舞著手臂、猛敲桌子，好像凶狠的野蠻人，要逼對方說出實話。事實上，這樣的印象大錯特錯。

強勢的策略偶爾會奏效，但從長遠來看，談判或協商時，祭出強硬的手段，對方反而會更極力抵抗、更不願意妥協，甚至以同樣的方法來回應你。除此之外，他們還會到處訴苦，指控對方有多麼惹人厭。從各方面來看，採取強硬的方式只會造成惡性循環。

幾年前，我的一名律師朋友歷經了一段非常難熬的日子，他憂鬱症發作，不能出席各個訴訟討論的場合，所以無法代表當事人進行必要的程序。許多律師知道後，在職業道德範圍內（不能違背自己當事人的權益），找出與該名律師及其當事人的合作方式，以減少可能產生的衝擊。然而，有些律師屬於格殺勿論型，決定好好利用此種情況，向法官提出缺席判決。在法庭上，被告或其代表人未依對方的要求提出答辯，法官就會做出不利於被告的缺席判決。

到了開庭時間，法官準備宣判結果時，請求缺席判決的律師們在法庭上一字排開，得意地要迎接有利他們當事人的判決。

第一個案件結果出來了，法官看著請求缺席判決的律師，並說了以下的話：「在多年執業生涯中，我始終認爲，律師代表當事人，所作所爲應該正當，並符合正義及道德。也就是說，他們得秉持自己的法律專業，不應爲了勝訴而不擇手段，那只會使自己的名聲掃地。如今，某名同業正陷於艱難處境中，我們的職責是保護司法界，好讓正義能持續獲得伸張。今天，我不會做出任何缺席判決，並會記住在法庭和律師談判桌上見獵心喜的人。」

彷彿施了魔法般，每個採取強硬手段的律師都從後門溜走，放棄當天格殺勿論的策略。誰說法庭內沒有正義？

CIA密技

將協商當作是一種合作，而非對抗關係，這樣才能創造出解決問題的永久方案。不可自斷退路，以免被人當成不道德、無能的談判者。

6 合理化對方的錯誤，幫他化解內心矛盾

獨白的目的在於促使對方自我感覺良好，並自覺未受評判。若能善用「認知失調」（Cognitive Dissonance）的原理，就能增強獨白的效果。當我們心裡有有兩種相互矛盾的想法或信念，就會產生一種不舒服的感受，那就是認知失調。

喬治．歐威爾在其經典之作《一九八四》裡，把同時持有兩種相互衝突的信念稱之爲「雙重思想」。在歐威爾的反烏托邦中，雙重思想並未造成不適，因爲大家對衝突根本毫無感覺。但在眞實世界裡，我們非常清楚內心的矛盾，而且往往會藉由改變思路，來處理它們所引發的不安。所以有時我們會改變對現實的看法，以解釋這種矛盾與衝突。

在商務的談判課程中，關於認知失調，最常被提起的實例是伊索寓言中的「狐

狸與葡萄」。狐狸拚命想要摘下葡萄藤上一串美味誘人的葡萄，但就是搆不到。雖然努力嘗試，狐狸仍想不出辦法。

狐狸發現根本不可能拿到時，不得不另找出路。牠是一隻聰明的狐狸，而且詭計多端，總是能夠得到自己想要的東西。這次只不過是美味葡萄的位置太高，讓牠無法以智取勝。與其認清自己沒有原先所想的那麼精明，不如改變念頭，告訴自己其實沒有想吃那些葡萄，搞不好它們苦又酸。這樣就能調節心中的不平衡，這就是「酸葡萄心態」的由來。

罪犯、扭曲事實或說謊的人，會使自己陷入認知失調的狀態，而不得不找出解釋方法。他們非常清楚，做這些事情不對，毫無可取之處。但他又不認爲自己是作奸犯科的大壞蛋，因此他必須調和這些相互矛盾的信念。發表獨白時，我們可以幫助對方調和內心的矛盾，讓他吐實。對方因認知失調所引發的痛苦，就能得到舒緩。

獨白的目的在於，防止對方專注於不法行爲的後果，並使他保持在短期思維模式中。合理化對方的行爲、輕描淡寫並加入社會因素，這些手段能使獨白更具有說服力，並化解對方內心的痛苦與矛盾。對方承認自己有做壞事就好，但無須把自己當成壞人。

現在來看一下如何在談判中平衡對方的認知失調。

我有位客戶雇用承包商來興建新的辦公大樓。談妥合作方式後，我的客戶負責支付工程費、管理費及分紅，而非事先支付一筆固定金額給承包商。完工後，承包商開立的工程費遠高過客戶原先的預期。雙方沒有共識，只好上法院解決。我們先前往調解聽證會，設法找出解決方案，我的處理的方式如下：

「聽好，我知道，各行各業的人都忙得不可開交，難免會有遺漏或疏失，也會算錯數字或誤判情況。我們雇用的轉包商有時會犯這種錯誤。抓成本是你非常擅長的事情，但你太忙了，分不清細目、搞混了報價。現在的問題就是這樣，你給我客戶的價碼，與我客戶當初列出的價格天差地遠。不知我們能否各退一步，重新檢視供應商與轉包商的所有帳單，然後再統計一次？」

最後雙方達成和解，我的客戶也很滿意。在調解時，若我們劈頭就指控承包商說謊、是詐騙集團，那麼結果應該會毫無所獲。把事情合理化、輕描淡寫，以及為對方設想正當理由，都有助於降低他的防禦心態，進而說出真相。

CIA密技

發表獨白時，我們可以幫助對方調和內心的矛盾，讓他吐實。對方因認知失調所引發的痛苦，就能得到舒緩。

7

承諾的力量：我們都不想被人當作前後不一的人

韓戰期間，中國解放軍前去支援北韓。他們非常淸楚，美軍戰俘會抵死不從，絕不會提供情報，更不願意擔任爲敵宣傳的樣板。結果，中國人用簡單的心理戰術就化解阻力、達成目標。社會心理學家羅伯特・西奧迪尼（Robert Cialdini）在《影響力》（*Influence*）一書中，將此原理稱爲「承諾及一致性」。

酷刑或其他粗暴手段效果有限。西奧迪尼指出，中國人並沒有使用這些手法，而是說服美國人小小讓步，寫下對戰爭的看法。過了一段時間，寫作所產生的心理效果增強，囚犯的聲明內容慢慢流露出親中或反西方的立場。中國的情治人員非常了解這種強大的心理動力。因爲人們希望自己的一言一行，公開發言與外在形象是一致的。

近來有不少政治醜聞，有的政治人物的發言還扭曲史實。我們不禁好奇，為何有人經常不分青紅皂白跳出來，替那些有問題的言行辯護，而不是去修正發言或重新自我教育。答案很簡單，人在潛意識中希望自己能表裡如一。

二〇一一年，阿拉斯加州前州長裴琳（Sarah Palin）造訪波士頓時，錯解了美國愛國人士保羅・里維爾（Paul Revere）策馬夜奔的那段歷史故事。事實上，里維爾警告殖民地居民，英軍即將來襲，但在裴琳的版本中，他前去告誡英軍不要奪走殖民地居民的武器。在發表支持《憲法第二修正案》的聲明中，裴琳州長竄改了這段連學生都非常熟悉的歷史故事。儘管明顯失言，裴琳和許多支持者卻竭盡所能地捍衛她所說的話，還添油加醋，說里維爾是在遭英國巡邏士兵拘留時，警告對方別奪走殖民地居民的武器。後來，裴琳又回頭硬拗，說當年里維爾午夜策馬奔馳、敲鐘示警時，城鎮裡確實有一些英軍。自始至終，裴琳的支持者都堅信她的版本。原因何在？承諾及一致性。

裴琳州長即興發表評論時，就已對自己的立場做出承諾，所以拒絕認錯。裴琳害怕說法前後不一，寧願將錯就錯。爲她辯護的人，多半視裴琳爲他們的發言人，代表他們的立場及價值觀。儘管她的說法明顯不符事實，卻依然繼續支持。

愛爾蘭作家王爾德曾說：「執著是缺乏想像力者的最後遁辭。」這句話也許有助於我們理解承諾及一致性這種心態。一旦做出承諾，則彷彿進入自動駕駛模式，跟隨承諾所引導的方向前進。這種心態會產生巨大的負面影響，其他人能藉此左右我們、占我們便宜，爲了他們自身的利益而利用我們。當然，我們也能藉此影響他人。

因此，立場性協商（Position-Based Negotiation）老是適得其反。對方一旦爲特定立場做出承諾，尤其公開宣誓後，就會死守防線，不講理地站在一貫的特定立場。在約談或提問證人時也是如此，讓某人愈淸楚地表明立場，他就會死守不放，難以被人撼動。所以我們要反向操作，設法讓對方的利益符合你的目的，讓他公開做出承諾，鼓勵他守住自己的立場，貫徹到底。

某次，我在法官面前捍衛一項動議，敗訴的話，我的當事人將賠上大筆金錢。我與該名法官的關係，說得婉轉些，算是「相敬如冰」。有兩項因素對我有利。首先，該法官正在爭取大法官的職位，並斬釘截鐵地宣誓，表明自己絕不會成爲激進的法官，「在判決中，絕不會濫用或任意曲解法條，違背其立法的意圖」。其次，必須重新詮釋法條，法官才能做出不利於我的當事人的判決。

很幸運地，我提出的動議是當天審理的第一個案件，法庭內聚集了律師、各個當事人以及陪審團。對方律師陳述完後，我起身並詳述法條內容，接著說：「法官大人，用白話文來解讀的話，這條法條的內容清清楚楚，沒有任何疑義。責任不能歸咎於我的當事人，除非你改寫法條，提出違背其立法意圖的解釋。一切都交由您裁決了。」這名法官看了一眼擠滿人潮的法庭。也許是意料之中，我勝訴了。我想，那天法官的血壓應該降不下來，可說是最大的輸家。

無論是社會身分或政治立場，人們都希望自己被認爲是始終如一。政治人物絕不想被人當成「騎牆派」。這樣的指控不管對誰，都是嚴重的侮辱。西奧迪尼以英國化學家法拉第的名言爲例。有人問法拉第，他所鄙視的競爭對手是否「錯誤百出」，法拉第答道：「他最大的問題就是不一致。」的確，犯錯事小，前後不一才更丟臉。

有些人會用承諾及一致性原則來對付你，謹記我們的提醒，才能避免落入對方所設下的陷阱，淪爲犧牲品。你是否會注意到，厲害的業務員會要求你自己填寫契約或訂購單，尤其現在商品有鑑賞期、可以退貨。在行銷研討會上，講師經常傳授此作法。讓消費者自己寫，後來他便很難承認自己反悔了。

同樣地，律師通常會讓當事人自己填寫聘僱合約，包括上面的金額與條件，最後簽上全名。有必要這麼做嗎？沒錯，他們這樣才會忠於承諾，履行合約內容。

製作書面證詞時，律師會先要求宣誓證人同意，他們一定會配合律師，提供完整且眞實的資訊，自己若有不明白之處，將請律師暫停並解釋清楚。這有雙重目的。

首先，證人做出承諾後，事後就難以反悔。有些證人會狡辯，說他當初會那麼回答，僅是因爲不明白問題的意思。不過，律師可以馬上反擊，令其難以提出漂亮的說辭。「但是，史密斯先生，難道您不記得，錄取書面證詞前，您有明確同意，若不了解我的問題，會立卽要求我說明淸楚。」

其次，證人已經允諾要說實話並配合律師。作證時，若他不願合作或閃閃躲躲，我們會提醒他，你作過承諾，保證自己會言行一致。

這個原理在談判和調解上也非常有用。開始前，我將請對方允諾，一定會誠實且積極地與我合作。我甚至會撰寫簡短的協議書，請所有人簽署，律定大家要秉持公平合理的精神，只講實話。這個小小舉動會產生令人驚嘆不已的結果。

課堂上也是如此。請學生作出承諾，就能鼓勵他們完成我所指定的作業。在某一門課程中，我要求學生在網路上觀看一系列的演講影片。我請學生簽下協議，一定會看完所有影片，如果沒做到，不論考試分數多高，都會被當掉。期末考結束後，一名考高分的學生跑來跟我說：「我的考試成績真的很不錯，沒看完最後一場演講應該沒關係吧？」我拿出他簽的合約，他點點頭，接著離開，跑去看完演講。

這麼說來，我們一定得主動出擊，才能發揮承諾及一致性的效果。無論是錄口供、談判、調解或甚至是買房、購車，你的目標都一樣，讓坐在對桌的人承諾會公平行事，並且遵守規則。最好讓他同意簽署一份共同書面聲明，以達到效果。當他偏離正軌時，可以禮貌地提醒他倆當初所做的承諾。

CIA密技

設法讓對方的利益符合你的目的，讓他公開做出承諾，鼓勵他守住自己的立場，貫徹到底。

8 爲對方預留後路，讓他自願撤退

請謹記，套話時要檢視一下進度，才是有條理的作法。這個道理同樣也適用於商場及個人談判中。坐在對桌的人的願意配合，你才能蒐集到所需要的情報，並在任何時間點評估對方的處境與態勢。

以第五章的例子來看，在安德魯的個人意願下，我們爲他設計了完美的退場方案，也就是孫子所謂的預留後路，以作爲公平分配的基礎。犯罪嫌疑人走進偵訊室時，大多沒打算招供；安德魯坐上談判桌時，原先也設想了一套不願退讓的方案。因此，審訊人員想要順利抵達終點，需要耐心，以及一套解讀現況的系統化方法。

過程中，假如安德魯一允諾要公平分配，以作爲愛妻兒的證明時，我馬上說：「好啊，那麼把房子給他們，簽下複數年的保護令，然後一次支付一大筆補償金給他們。」那安德魯應該會馬上反彈，而我們最終會一無所獲。因此，我們必須沉得住氣、一點一點談，慢慢地請君入甕。因此，我們提出的問題要溫和，比如「你認爲什麼是公平的方案」、「你自己也能接受嗎」、「換個方式，對你兒子不是更好嗎」。這相當於提出更多的可能性與解決方案。你不斷補上基石，爲對方預留後路，讓雙方都能平安撤退。

對方太快招認罪行或讓步時，要記住「窮寇莫追」的道理，等對方自亂陣腳就好。當你的獨白有具體的效果時，也應審愼行事。檢視一下進度，確保自己沒有操之過急，這樣才能讓對方以自己的節奏與意願來提出撤退條件。催促他加快步伐，一定會踩壞你預留的後路。

CIA密技

沉住氣，勿見獵心喜，一點一點談，讓他自願退場。

9 裝熟很有用，但被識破就回不去了

與他人創造連結時，強調共同經驗非常有效。正如先前所說，我們更有可能與我們喜歡以及相似的人合作。因此，有共同的背景和傷痛，就能建立彼此的連結，進而分享眞實的訊息。選擇陪審團成員時，經驗老到的辯護律師經常會在法官容許的範圍內，對每一個陪審員候選人分享自己以及其當事人的訊息。陪審員愈容易與律師及其當事人產生共鳴，愈容易選擇站在他們這一邊。如此簡單的小動作，卻可以產生非常正面的結果。當然，律師所分享資訊必須是眞的，要符合相關的法律與行爲準則。約談、套話及談判的情況也一樣。

在美國，執法人員約談刑事案件的嫌疑犯時，可以合法地扭曲某些事實。警方會跟嫌犯說，共同被告已經認罪，並供出犯案過程，但這一切都是警方捏造的。警方也會說，證物上已驗出嫌犯的指紋或DNA，但事實上也是瞎掰的。然而，警方不能跟嫌犯交換自己做不到的條件，例如跟對方保證，招供後能減輕刑責。有些國家嚴禁執法人員說謊。

同樣地，談判時律師須遵守美國律師協會制定的《標準從業規範》，在代表當事人期間，「不得蓄意對第三人做出與事實不符的陳述」。所以，在協商談判、招攬生意或商業交易中，關係人都應格外小心，不可做出不實聲明。例如，有些人聲稱親人因病過世，以說服別人捐款給特定的慈善機構，若東窗事發，就會被檢方以重罪起訴。請永遠銘記在心，編謊話會讓自己陷入極危險的境地，特別是謊言的內容可輕易被檢驗時。你會徹底破壞自己的信譽，並損害你爭取優惠條件的機會。

你表達的內容絕對要清楚明白，否則別人很容易斷章取義或誤解你的意思，以鞏固他自己的立場。某次我代表一名員警，他在約談時聲稱自己曾與「SWAT特警部隊一起接受槍枝訓練」。訊問人員後來緊咬此句供詞，質疑說：「你聲稱自己曾待過SWAT。那是騙人的！你從來沒待過那個單位，甚至從未申請過。」訊問人員怒氣沖沖，對這個問題窮追猛打。事實上，我的當事人從未暗示過自己待過或申請過SWAT，只是與他們一起參加槍枝訓練。此名訊問人員驟下錯誤的結論，由此可知，清楚傳達訊息有多重要，別讓對方有機會誤解你的意思。

套話時，爲表示誠意和同理心，假裝你有某些背景或經驗，的確是創造連結的有效手段，對方會更願意吐實。但採取這種策略必須非常小心和謹愼。最好還是藉由眞實經驗來拉近關係，不僅風險較小，也可避免踩到法律或道德界線。

CIA密技

編謊話會讓自己陷入極危險的境地，特別是謊言的內容可輕易被檢驗時。你會徹底破壞自己的信譽，並損害你爭取優惠條件的機會。

10 先釋出善意，才能得到善意

極少有人喜歡被評斷，也很討厭被指指點點，所以會帶著防衛心、心懷怨恨地回應指責的人。套話或談判時，必須極力避免對方出現這種反應。細想一下麥克對湯米的偵訊過程（詳見第一部第十章）。儘管湯米對女嬰施暴，並造成嚴重的傷害，但麥克清楚表明，他不會對湯米未審先判。這樣湯米就不會產生防衛性反應，也會繼續保持在短期思維模式中。如果麥克一開始就責怪湯米，他就會開始擔心自己要負擔的刑責，更不想說實話。因此，當湯米問到在同樣情況下麥克會怎麼做時，麥克便回答「我會說實話」，而非「簽下自白書」或「認罪」。

「不要論斷人，免得自己被論斷。」這句忠告值得謹記在心。詩人奥登（W. H. Auden）的〈一九三九年九月一日〉是我最喜歡的一首詩。我把一小節詩文列印出來，貼在我的辦公室裡，出差時也隨身攜帶，以便告誡自己切勿對他人妄加評斷。晤談、談判及錄取口供時，我還用它來提醒自己，要控制脾氣和言行。這一小節詩文很簡單：

我和大眾都知道，
所有學童明白的道理；
凡遭惡行之人，
必以惡行回報。

這幾句話非常有力。先前我們討論過好感的力量，以及受到喜愛的重要性，因此我們領悟到互惠原則的巨大影響力。我們怎麼對待別人，對方一定會有所感受，因此不論好壞，一定會回敬到我們身上。

第一次世界大戰結束時，盟軍用一節火車車廂作爲簽署投降條款的場所。德國人認爲那些條款既嚴苛又羞辱人。二十多年後，納粹擊敗法國後，便從博物館裡搬出同一節車廂，強迫法國人在裡頭簽署投降條款。顯然，他們用它來報復多年前所發生的事情。

如果菲爾、麥克或蘇珊用高壓手段對付對方，逼對方吐實，也就是電影中經常出現的「壞警察」老掉牙劇情，那他們審問的對象應該會閉口不談，或以同樣的方法回應他們。根據多年來的經驗，我發現不同的審訊風格會對我的當事人產生不同的影響。調查人員若滿懷惡意走進來，我的當事人就會產生不信任感，就連我也會受影響。反之，懷抱輕鬆、友善態度走進來的調查人員，就會贏得我們的尊敬和信任感。

我從一位恩師身上學到一種很棒的方法，可爲成功的談判鋪路，那就是帶食物來，不論是甜甜圈、餅乾或三明治都可以。這種作法既簡單又便宜，而且完全符合影響力的兩大主要原則，所以能產生效果。首先，人們吃東西時，更容易被說服，因爲這樣就能想起其他愉快的經驗。其次，用食物表達心意，對方會覺得你人很好，也會覺得對你有所虧欠。

我擔任過駐外的名譽領事，主要任務是引見美國外交官給當地官員或企業高層認識，並促成兩國間的商務往來。其中一件事令我深感興趣：高層一般都是在午宴或晚宴時討論重大事項，打算提高談判籌碼的那一方，或是此案最大的受益者，通常會事先宣布自己將負責作東。討人喜歡並創造虧欠感，在外交與國際商務這些高風險的領域中也相當管用。

這個原則在其他領域也適用。當你去門市賞車時，業務員總會提供免費的咖啡；市調公司請你填寫的問卷調查時，也會附上小贈品。每一種情境的目的都雷同：讓你覺得有所虧欠，希望有機會報答對方的恩情。

一般人通常不會指望他人釋出善意，畢竟人都有防備心與侵略性，此時善意的言行會更加有效。在法庭、審訊或談判中，對方預期你會來硬的，無論你有什麼苦衷，一律格殺勿論。但你釋出善意，他們就會卸下心防，對你表示友善。最終他們會發現，實在很難討厭你。

談判時，我始終感謝對方所做的讓步。對方願意配合、給予善意回應的話，我都會表達感激之意。我特別記得某次錄取口供時最後的交談內容：

我：「先生，謝謝你今天來到這裡，並配合我當事人的時間，以及提供如此詳細的答覆。你真的非常客氣，做人又體貼。」

宣誓證人：「沒什麼，這是小事。說真的，現場氣氛與我想像的不同。我本來以為你是個混蛋。」

我：「再次感謝你。老實說，別人認識我後，都要花上好幾個月的時間，才發現我確實是個大混蛋。」

我們一起大笑，那一刻，我們不是敵人，只是愛開玩笑的老朋友。不管接下來有什麼法律程序，我們突然站在同一陣線：站在幽默這一邊。我們以平和的方式開場，又在歡樂的氣氛下分開；這個案件在幾個星期後便以和解落幕。

另一次，我代表一名受暴婦女。多年來，她不時被丈夫用刀子和美工刀割傷，並在她的皮膚上捻熄香菸，甚至猛抓她去撞家具、牆壁及門，而且這一切全都發生在他們的兒子面前。與這名男子碰面之前，我對他深惡痛絕。在我看來，他根本就是個人渣。然而，我帶了一盒甜甜圈出席會議，那是在法院大樓外面跟一位小販買的，諷刺的是，他的販售所得專門用來資助家暴受害者的庇護所。

我代表他的妻子，所以這位丈夫以爲我會痛恨他，對他怒言相向。我竭盡所能地自我克制（我一向不以自制力聞名），但我的神態舉止既誠懇又有禮貌。會議結束後，被告答應認罪，並同意對方的家暴保護令，並確保我的當事人有地方可居住、擁有房子所有權及未成年子女的監護權；他也會負擔子女的撫養費。法官本來也會如此裁決，但我當事人可以提前結束這場折磨。難道這都是甜甜圈的功勞嗎？也許是。但假如我表現出憤怒及挑釁的態勢（雖然那才是我眞正的感受），而沒有對他釋出善意與尊重，被告就不會在此次會面中同意任何條件。然後我當事人得等著上法庭，面對令人痛苦的審判，身心都將痛苦欲絕。

別擔心，你的體貼或冷靜不代表你軟弱又缺乏自信。情況恰好完全相反，這證明了你對自己的能力充滿信心，而且無須訴諸於挑釁或恐嚇的伎倆來達成目的。

最後有一點小建議，若你正在談判或買賣物品，而對方做出意想不到的善意之舉，給你免費贈品或熱情款待，請退一步冷靜一下。確保你所做的讓步或提議，都是你原本就會做的事情。

CIA密技

有一種很棒的方法，可爲成功的談判鋪路，那就是帶食物來，不論是甜甜圈、餅乾或三明治都可以。

11

陪對方走過地雷區，化解他內心的恐懼

一開始約談雷夫時，調查人員用了「猥褻」這樣的字眼，來強調他們的指控以及雷夫對茱蒂的犯行，結果讓自己陷入作繭自縛的困境，更難從雷夫口中獲取眞相。雷夫被冠上如此難聽的惡名，還擔心一輩子可能就這麼毀了，所以竭盡所能隱瞞眞相。

雷夫非常清楚，他曾與十六歲少女發生不當的性行爲。然而，他還是自認爲是個好人——曾經爲國效忠，從海軍陸戰隊退伍後，現在轉爲社區服務、擔任執法人員。雷夫也完全明白，好人不會「猥褻」兒童，爲了讓他吐露眞相，我們必須先化解雷夫腦海中的矛盾衝突。

被貼上「猥褻」茱蒂的標籤，雷夫肯定會討厭指控他的人，甚至設法避免說出

眞話。除此之外，這個字眼出現後，雷夫明顯覺得，調查人員正在評斷他：既然你們對我指指點點，那一定無法理解在我車裡發生的事。在雷夫看來，調查人員就是要來終結他的職涯，把他扔進監獄裡，毀掉他的人生。在這種情況下，跟調查人員說實話，並非唯一選擇。

麥克介入後，邁向眞相之路才得以打開。毫無疑問，在這名前海軍陸戰隊隊員看來，這條迂迴的路將穿過地雷區。因此，麥克的職責就是使雷夫暫時忘記，每一步都有爆炸的可能性。麥克隨和及低調的行事態度，能吸引雷夫的注意力，更重要的是，能贏得他的信任。麥克的作法能減少雷夫腦中的矛盾衝突，並引領他敞開心扉、吐露眞相。

對方會陷入困境，一定有其糾結的因素，所以麥克試著了解雷夫的感受。這個作法在審訊與談判中皆富有啟發性。了解對方的動機，以及他最害怕的事情，有助於引導對方的思緒，創造更多選項，並提供建議與解方。

麥克用輕描淡寫的態度跟雷夫談到之後的發展，但他從未說過雷夫能脫身，不保證結局會有多好。轉移雷夫的注意力，不讓他設想最糟的情況，這樣他才會主動合作，並承認有做錯事。接下來，麥克才得以植入心靈病毒，並讓雷夫自行決定，他想要看到什麼樣的結果。

麥克在確認進度時，他沒有對雷夫逼供，而是巧妙地運用合理的假設性問題：「這是她的主意嗎？」接著，雷夫打開心扉訴說時，麥克沒有幸災樂禍、指指點點或嚴加批判。他仍穩重沉著，小心翼翼地引領雷夫通過剩下的地雷區，然後把雷夫交到主管手上。

麥克從雷夫口中套出眞相時，他沒有幸災樂禍或沾沾自喜。這是非常寶貴的態度。威廉．尤瑞說，應該聽從孫子的忠告，窮寇莫追、要爲對方預留後路。言下之意是，達成目標後，切勿洋洋得意，以免前功盡棄。

某次，在我擔任調解人的案件中，雙方初步都同意和解，相關條件很合理，對雙方皆有利。我們打算隔天一早回來敲定協議，並簽署和解書。遺憾的是，其中一人當晚舉辦派對，慶祝自己「大獲全勝」，這個消息也傳到對方耳裡。隔天一早，原先的協議告吹了，因爲沒有人想被貼上「輸家」的標籤。最後，提前歡慶的那一方離開時，只能獲得令人不太心動的和解條件。

CIA密技

了解對方的動機，以及他最害怕的事情，有助於引導對方的思緒，創造更多選項，並提供建議與解方。

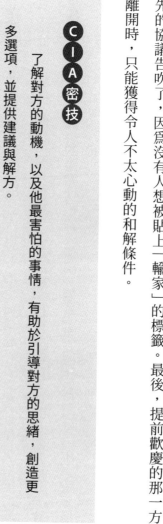

12

談判就像演戲

我在英格蘭長大，經常參觀父親的辦公室。他曾是律師，後來當上法官。某次，我問父親爲何律師在法庭上要戴假髮和穿長袍？他說，有各種理由，某些是歷史因素，但令他最有共鳴的說法是：律師也是一種角色，這是他們的「戲服」。當律師穿上法袍、走進法庭後，便得拋開個人信念、偏見與情感，肩負起爲當事人辯護的職責。因此，就算律師自己對其當事人深惡痛絕，仍得設法代表他們並爲其辯護。穿上法袍後，律師所提出的論點就跟個人無關。儘管這些論點與他的感受不一致，但只要能滿足法律與正義的標準就好。

所以請謹記，開始面談或審訊後，就不能隨便喊卡。

最厲害的談判高手會設法消除對方的緊張情緒，放下彼此個性上的差異，以達成最圓滿的解決方案。在商業領域，當我們遇到諂媚的推銷員或跟失德的主管打交道時，也必須穿戴上假髮與長袍，以保持冷靜與專業的態度。處理家人間的糾紛也一樣，當事人必須考慮到彼此的立場，放下執著，別光想著要贏過對方。保持超然的立場，方能達成不可能的任務，令大家都放下怨念。

CIA密技

開始面談或審訊後，就不能隨便喊卡，要把協調者的角色演好。

13

停止「以怨抱怨」的惡性循環

以上所有原則也能應用在職場或其他人際關係。衝突發生後，必須先理解對方的動機爲何，並秉持同理心，以冷靜、有條理且符合道德的方式去處理。設法建立和睦的關係，增進彼此感情，絕不可仰賴脅迫或恐嚇的技巧。如此一來，你才能獲得更可靠的情報、達成圓滿的協議以及建立更有信賴感的關係。正如詩人奧登所提醒的，被我們傷害的人會以怨報怨，包括拒絕合作、提供瑣碎或可疑的情報，甚至破壞我們的聲譽。

蘇凡在他的書中強調，鮑瑞思沒有作好準備，所以不了解祖貝達的背景和動機，也不熟悉有效的審訊技巧；他顯然沒有掌握實際情況。心理學家大衛・達寧（David Dunning）和賈斯汀・克魯格（Justin Kruger）的研究已確定此種認知偏見的存在，現稱之爲「達克效應」。不管在哪個領域，能力不佳的人會有種錯覺，誤以爲自己比實際上更優秀、能力更強。他未能認淸自己能力不足、準備不夠，所以無法勝任那項任務，這正是發生在鮑瑞思身上的情況。

承受身體痛楚或精神折磨時，每個人都會竭盡所能，設法去停止那種煎熬。在這種情況下，我們會承認自己沒做的事，並爲此道歉，甚至編造一些對方想聽的話。承受此種精神折磨，我們就會去做自己也料想不到的事情，正因如此，敲詐與勒索都是重罪。鮑瑞思說：「對這些酷刑產生反應，乃是人之常情。」他的說法沒錯，但他不理解的是，透過這種手段所得來的情報價值很低。

鮑瑞思沒有做好準備，問訊又毫無章法。相較之下，法蘭克謹愼且有條理多了。用打造家具的木匠來比喻。一位手中只有鐵鎚，也搞不懂自己要製作的家具是哪種樣式；另一位則是有全套工具與詳細的設計圖。誰的家具品質比較好？

這套更巧妙的方法可應用於偵訊、談判，還有生活各個領域。正如其他學問與技術一樣，唯有事先準備、付出龐大的努力，才能創造巨大的效益。唯有非暴力又符合道德的問訊法，才能讓對方坦城以對，說出真心話。彼此也才能建立持久的關係，一同達成個人與事業上的目標。

CIA密技

設法建立和睦的關係，增進彼此感情，絕不可仰賴脅迫或恐嚇的技巧。如此一來，你才能獲得更可靠的情報、達成圓滿的協議以及建立更有信賴感的關係。

附錄一

一切始於萬全準備／彼得・羅梅瑞

想要達成有效的面談、套話、宣導及談判，重要關鍵之一，是爲眼前的任務做好萬全準備。所謂準備可從以下兩方面來思考：主動練習及蒐集情報。

主動練習

準備任何會面時，必須認知到，實際演練是不可或缺的。正如不能只因讀過外科手術教科書，就上手術台開刀一樣。讀完本書之後，也不代表你足以勝任各種談判情況，能夠獲取眞相或達成其他目的。如同其他技能，你需要定期練習。

我清楚記得，成爲律師之初，我接到一樁重大刑案。那時我剛從法學院畢業，被委任代表遭控犯下重罪的被告（幸好，這種菜鳥律師代表被告的情形，在我居住的州再也不可能發生）。於是，我展開研究，包括訪談目擊證人、研讀判例法、了解主審法官的風格，也跟當事人的共同被告深入談過。我所缺乏的，是在陪審團面前進行攻防的經驗。我在法學院研讀過訴訟辯護技巧，也曾在模擬陪審團面前練習過，但事關重要之際，我還沒實戰經驗。

爲了克服此問題，我請求兩位恩師的協助。第一位是執業多年的律師，也是我心目中刑事法庭的箇中老手。我請他陪我一起遴選陪審員。我們不費吹灰之力完成遴選過程，而且該位恩師也給予許多有用建議，我覺得這次初登場一定會戰無不勝，攻無不克。準備開庭陳述前的短暫休息時間，我徵求這位資深顧問的意見。

「這太棒了！」我滿腔熱情地說道：「既然你已經看過陪審團，對於我的開庭陳述有何建議？」「我不太確定，」他答道：「我從未有這方面的經驗。」原來，我的恩師確實是經驗豐富的刑事辯護律師，但僅限於地方法院，那裡的案件由法官負責審理，而非交由陪審團裁決。幸運的是，指導我的第二名律師抵達現場，他經驗老到，比較了解陪審團做決定的過程。看到我臉上的表情、聽到我的窘境後，他簡直是笑不可抑。最後，我收到撤回告訴狀。地方檢察官跟我說，根據從共同被告身上所蒐集到的證據，他們撤銷對我當事人的重罪指控。眞是千鈞一髮！可是我學到永生難忘的教訓：指望別人的技能，而非專注於培養自己的技巧，可能會帶來災難性的後果。

「等到你進入眞實世界後自然就會了。」這種說法眞是一派胡言。我常告訴學生別理會這種話，但也因此遭到同事責難。我們又不是在扮演電影《阿凡達》裡的角色，而是生活在眞實世界裡，每天都必須與人互動、解決衝突、衡量信譽及說服別人。因此，最好別指望「專家」，而是要把握每次機會，磨練你的技巧。

蒐集情報

準備工作的第二部分，是盡可能多蒐集情報，方能對你正在打交道的當事人瞭若指掌。

我在英國攻讀法學院時，我的導師約翰．梅鐸（John Murdoch）教授告訴我，要成爲眞正厲害的談判專家或辯護律師，不僅需要了解手上案件的實際情況，還要能夠設身處地，了解他方當事人的案件資訊，以及他對自己案件的觀點與對我方的看法。我一直銘記在心，後來我發覺，這個忠告廣泛適用於許多領域。

訊問人員接到任務，準備去盤問某人，他得先了解對方的宗教、政治立場與意識形態，才能有效進行審訊。這些背景資訊是建構有力獨白的重要素材。同樣地，談判專家一定得找出對方想要獲得的利益爲何，當對方提出要求時，他才知道怎麼回應。

多年來，我一直任職於威脅管理領域，目標在於蒐集可用情資，以預防當事人傷害別人、自殘或毀損物品。威脅管理的關鍵技能與訴訟、談判一樣，首要在於遵守職業道德，並針對可能構成威脅的人，迅速且有效地蒐集情資。我的好友傑夫．波拉德（Jeff Pollard）博士是備受尊崇的臨床心理學家和威脅管理專家。他有句名言，在評估一個人的過程中，「先蒐集相關的小點，再把這些點串聯起來」。想蒐集這些小點，有些關鍵資訊一定要去找，包括：

- 犯罪紀錄
- 民事判決紀錄
- 酒駕名單
- 信用紀錄（視有適當授權而定）
- 繳稅紀錄
- 房地產轉讓及所有權紀錄
- 社群媒體曝光率

社群媒體這項尤其重要，年輕人習慣在上面活動、發表言論，許多網站年長者聽都沒聽過。要尋找資訊時，不妨多問年輕人。想要看清我們正在打交道的對手或公司，除了找出相關人士、辛苦地打探消息外，上網搜尋的資訊也極爲有用。蒐集到相關的背景資訊前，不應該進入面談、套話或審訊的階段，否則成效會大打折扣，讓你更難達成預期的目標，包括獲取眞相、達成庭外和解或撿個大便宜。

附錄二 重要名詞解釋

心靈病毒（Mind virus）：接收到負面的消息時，滿腦子想的都是各種可能的悲慘結局，內心惶恐不安。

轉折語句（Transition statement）：訊問人所做的陳述，以便從晤談模式轉換爲套話模式。轉折語句爲獨白的前一、兩句話，形式上可分爲DOC及DOG。

犯罪式直接觀察（Direct observation of guilt，簡稱DOG）：當你信心滿滿或有十足把握時，可以用這種轉折語句。

關切式直接觀察（Direct observation of concern，簡稱DOC）：你沒信心或把握時，可以用這種轉折語句。

全面性問題（Catch-all question）：當對方回應時總是省略關鍵訊息，或是審訊人不愼忽略某議題時，就可以問對方是否要補充什麼，例如「有什麼重要議題是我們沒有討論到，但我應該要知道的」。

合理化（Rationalization）：獨白的要素之一，旨在暗示對方，他的行爲是可諒解的，當中有社會可接納的理由，藉此鼓勵對方繼續說出眞實的訊息。

聽看同步（L-squared mode）：視覺與聽覺並用，以觀察對方回答問題時所呈現的內容、音調與姿勢。

佛瑞效應（Forer effect）：由心理學家貝特倫・佛瑞（Bertram Forer）發現的認知偏差，又稱爲「巴納姆效應」。佛瑞發現，只要人們相信某個心理測驗的結果是爲自己量身打造的，就會給予它高度準確的評價。其實那些描述內容很籠統，可適用於任何人身上。

承諾及一致性（Commitment and Consistency）：社會心理學家羅伯特・西奧迪尼（Robert Cialdini）創造的概念。據此，人們總渴望按照先前的立場或承諾，來採取後續的行動。

封閉式問題（Close-ended question）：用來追問具體的事實，例如：「你今早抵達時，誰已在辦公室裡？」

開放式問題（Open-ended question）：建立討論基礎或探究某議題的概要，例如：「當時你應該在坦帕探望你母親，你跑到拉斯維加斯做什麼？」

否定式問題（Negative question）：在措辭中否定某個行爲，訊問人應避免這樣發問，否則會像在暗示對方要回答「沒有」，讓他順其自然地否認犯行。例如：「你應該沒有偷東西，對吧？」

套話（Elicitation）：發揮影響力，說服某人吐露原本想隱瞞的訊息。重點在於發表獨白，而非與其對話。它與「審訊」可交互使用。

晤談（Interview）：與某人建立對話模式，以蒐集對方無須隱瞞的訊息。

短期思維模式（Short-term thinking）：使對方專注於眼前的要務，而非往後的結果。

概念流暢力（Ideational fluency）：視情況需要而立即轉換思考的能力。

節略型謊言（Lie of omission）：隱瞞部分事實的謊言。

達克效應（Dunning-Kruger effect）：不管在哪個領域，能力不佳的人會有種錯覺，誤以爲自己比實際情況更優秀、能力更強。

合理的假設性問題（Presumptive question）：根據現有的可靠資訊，提出假設性的問題。

認知失調（Cognitive dissonance）：抱持兩種對立的觀點，心裡會感到很不舒服。

誘導式提問（Bait question）：假設某種情境，試圖投放心靈病毒。這類問題的開頭通常是：「爲何……」

引導式提問（Leading question）：問題中已包含訊問人員想要的答案。

輕描淡寫（Minimization）：獨白的要素之一。當事人擔心，說出眞話後會有許多負面後果，所以我們要淡化它們的嚴重性。

樂觀偏誤（Optimism bias）：人們總相信，在同樣的情況下，自己比較不會遇上負面結果，甚至得到正面的成果。

確認偏誤（Confirmation bias）：人們只想搜尋片面的資訊，或以特定的詮釋觀點，以支持自己最初的信念或預期的結果。

複合性問題（Compound question）：應避免此類型問題，因爲它包含多個問題。發問者會搞不清楚，當事人做壞事的主要因素到底是哪些，所以更難去分析他的行爲。例如：「你多久跑步一次，通常在哪裡跑步？」

獨白（Monologue）：旨在使對方保持於短期思維模式中，並勸說對方不要抗拒或否認，進而說服對方吐露原先企圖隱瞞的訊息。

選擇性失憶（Selective memory）：某人回答問題時，宣稱忘記了，其實那是安慰自己的藉口和謊言。

錨定（Anchoring）：談判術語。人們會高度仰賴對方提供的第一項訊息或提議，希望能創造出原本設想之外的效果。

鏡射（Mirroring）：巧妙地模仿另一人的動作或姿勢，以強化熟悉度與增加好感度。

懸崖時刻（Cliff moment）：當事人覺得自己吐露了全部的事實，若再進一步追問，他就要面對可怕的後果，無異於「跳下懸崖」。

致謝

二〇一二年夏天，我們發行前一本書《CIA教你識人術》時，經紀人保羅・費德克（Paul Fedorko）跑來找我們，並笑說：「恭喜你們！你知道你們需要開始考慮寫下一本書了吧？」

出版功力深厚的保羅預見《CIA教你識人術》將是一本暢銷書，並讓我們做好準備，以迎接未來的挑戰。我們由衷感激保羅與紐約貝恩斯達克經紀公司（N.S. Bienstock）的團隊，一開始給予莫大的鼓勵，以及一路以來的專業指引。

上一本書的致謝辭曾提到，成書過程中，我們「身旁圍繞著許多慨然貢獻時間與自身專業的人，眞誠希望本書主題能發揮價值，眞正改善人們的生活。」這些人當中，也有不少人在此次出書時同樣大力幫忙。其中，最主要的是我們所創立的培訓與諮詢公司QVerity同事，包括共同創辦人比爾・史丹頓（Bill Stanton）、培訓專家傑克・鮑登（Jack Bowden）、行銷大師布萊恩・史蒂文森（Bryan Stevenson）。我們非常幸運能擁有一群眼光獨到的朋友、家人及事業夥伴，協助閱讀本書文稿，並提供寶貴建議爲其增色。這群有見地的人包括陶德・辛欽（Todd Simkin）、奈特・胡基爾（Nate Hukill）、比爾・費維勒（Bill Fairweather）、凱爾・哈納博士（Dr.Kyle Harner）、麗莎・哈納（Lisa Harner）、大衛・佛雷澤博士（Dr. David Frazier）、薇姬・哈德克（Vicki Haddock）、史賓塞・葛蘭（Spencer Grant）、安琪拉・摩絲（Angela Moss）、比爾・依伯斯沃斯（Bill Ebsworth）、凱倫・弗拉納根（Karen Flanagan）、東尼・賽克斯（Toni Sikes）、理查・約翰斯頓（Richard Johnston）、麥可・休斯頓（Mike Houston）、凱西・休斯頓（Casey Houston）、艾力克斯・利夫斯（Alex Reeves）、史蒂芬妮・弗洛伊（Stephanie Floyd）、瑪西・羅梅瑞（Marcy Romary）、馬克・切爾維博士（Dr. Mark Cervi）、艾蕾希亞・庫克博士（Dr. Alethia Cook）、卡曼・斯加沃博士（Dr. Carmine Scavo）、阿迪絲・泰納特（Ardith Tennant）、唐・泰納特二世（Don Tennant II）、丹恩・泰納特（Dan Tennant）、雪莉・泰納特（Shelly Tennant）、艾力克斯・溫布利（Alex）。我們還要感謝麥克・海格爾（Mike Hagel）與戴夫・基墨（Dave Kilmer）分享他們的藝術長才，並對封面設計提供寶貴意見。

最後，特別感謝聖馬丁出版公司（St. Martin's Press）才華洋溢的同事們。該公司專業的編輯與設計群，以及編輯助理潔米・柯伊恩（Jaime Coyne）、凱特・肯菲爾德（Kate Canfield），和出版編輯肯尼斯・西爾弗（Kenneth J. Silver），大家孜孜不倦促使此書成爲我們希望的面貌。我們的編輯馬克・瑞斯尼柯（Marc Resnick）是所有人當中最努力不懈者，他使整個寫作旅程充滿無窮的樂趣。馬克擁有極銳利的編輯眼光，並能將非凡的編輯功力與和藹可親、樂於助人的行事風格拿捏得恰當好處，這樣的才能簡直就是不同凡響。

BIG 398

CIA教你讓人說出真心話：慢慢說、小聲問、專心聽，解除心理戒備的攻防之道（暢銷新版）

作　　者—菲爾・休斯頓、麥克・弗洛伊、蘇珊・卡妮西羅、彼得・羅梅瑞
譯　　者—陳雅莉
責任編輯—許越智
責任企畫—張瑋之
封面設計—兒日設計
內文排版—張瑜卿

編輯總監—蘇清霖
董 事 長—趙政岷
出 版 者—時報文化出版企業股份有限公司
一〇八〇一九臺北市和平西路三段二四〇號四樓
發行專線／（〇二）二三〇六—六八四二
讀者服務專線／〇八〇〇—二三一—七〇五・（〇二）二三〇四—七一〇三
讀者服務傳真／（〇二）二三〇四—六八五八
郵撥／一九三四—四七二四時報文化出版公司
信箱／一〇八九九臺北華江橋郵局第九九信箱

時報悅讀網—www.readingtimes.com.tw
法律顧問—理律法律事務所　陳長文律師、李念祖律師
印　　刷—家佑印刷有限公司
二版一刷—二〇二二年九月十六日
定　　價—新台幣三六〇元

時報文化出版公司成立於一九七五年，並於一九九九年股票上櫃公開發行，於二〇〇八年脫離中時集團非屬旺中，以「尊重智慧與創意的文化事業」為信念。

CIA教你讓人說出真心話：慢慢說、小聲問、專心聽，解除心理戒備的攻防之道／菲爾・休斯頓（Philip Houston），麥克・弗洛伊（Michael Floyed），蘇珊・卡妮西羅（Susan Carnicero），彼得・羅梅瑞著（Peter Romary）；陳雅莉譯
---二版---臺北市：時報文化出版企業股份有限公司，2022.09
面；14.8×21公分.---（BIG398）
譯自：Get the truth : former CIA officers teach you how to persuade anyone to tell all
ISBN 978-626-335-856-0（平裝）
1.CST：說服　2.CST：應用心理學
177　　111013285

GET THE TRUTH: Former CIA Officers Teach You How to Persuade Anyone to Tell

Published by arrangement with St. Martin's Publishing Group through Andrew Nurnberg Associates International Limited.

ISBN 978-626-335-856-0　　Printed in Taiwan